活成卡皮巴拉

[美] 雷德福·威廉姆斯
[美] 弗吉尼亚·威廉姆斯 著

汪瞻 译

湖南人民出版社·长沙

本作品中文简体版权由湖南人民出版社所有。
未经许可，不得翻印。

ANGER KILLS: SEVENTEEN STRATEGIES FOR CONTROLLING THE HOSTILITY THAT CAN HARM YOUR HEALTH by REDFORD WILLIAMS & VIRGINIA WILLIAMS
Copyright © 1993 BY REDFORD B. WILLIAMS, M.D., AND VIRGINIA WILLIAMS, PH.D.
This edition arranged with REID BOATES LITERARY AGENCY through BIG APPLE AGENCY, INC., LABUAN, MALAYSIA.
Simplified Chinese edition copyright: 2025 Beijing Xinchang.

图书在版编目（CIP）数据

活成卡皮巴拉 /（美）雷德福·威廉姆斯，（美）弗吉尼亚·威廉姆斯著；汪瞻译. -- 长沙：湖南人民出版社，2025.9. -- ISBN 978-7-5561-3822-7
Ⅰ. B842.6-49
中国国家版本馆CIP数据核字第2025XM4405号

HUOCHENG KAPIBALA

活成卡皮巴拉

著　者	[美]雷德福·威廉姆斯　[美]弗吉尼亚·威廉姆斯
译　者	汪　瞻

出版人	张勤繁
统　筹	黎晓慧
责任编辑	张倩倩
装帧设计	凌　瑛
责任印制	虢　剑
责任校对	杨萍萍

出版发行	湖南人民出版社［http://www.hnppp.com］
地　址	长沙市营盘东路3号
邮　编	410005
经　销	湖南省新华书店

印　刷	长沙新湘诚印刷有限公司
版　次	2025年9月第1版
印　次	2025年9月第1次印刷
开　本	880 mm × 1230 mm　1/32
印　张	8.25
字　数	155千字
书　号	ISBN 978-7-5561-3822-7
定　价	58.00元

营销电话：0731-82221529　　（如发现印装质量问题请与出版社调换）

目 录

引言 ··· 001

第一部分　识别敌意 ································· 011
第 1 章　我有风险吗 ································· 012

第二部分　科学背景 ································· 039
第 2 章　敌意的真相 ································· 040

第三部分　缓解敌意的技巧 ······················· 087
第 3 章　理性辩论 ···································· 094
第 4 章　叫停有敌意的想法、感受和情绪 ······· 105
第 5 章　转移注意力 ································· 113
第 6 章　冥想 ·· 118
第 7 章　避免过度刺激 ······························ 128
第 8 章　坚持自己的立场 ··························· 135

第 9 章　照顾宠物	149
第 10 章　倾听	158
第 11 章　练习相信他人	168
第 12 章　服务社区	174
第 13 章　提高共情能力	183
第 14 章　包容	191
第 15 章　原谅	203
第 16 章　拥有知己	209
第 17 章　自嘲	217
第 18 章　像今天是最后一天那样活着	231

第四部分　应对敌意程度高的人 ……… 239

第 19 章　帮助自己或他人改变	241
后　记	253
致　谢	257

引 言

愤怒正在威胁你的生命。

这些致命的怒意不仅包括那种能让人愤而开枪、刺杀或恶意伤人的雷霆怒火，还包括贯穿于日常生活中的愤怒、烦恼和急躁情绪。这些怒意就像慢性毒药，可以置人于死地。

假如在平日里面对小小的延误和挫折（例如：没能立刻到达你所在楼层的电梯，龟速前行的超市结账队伍，磨磨蹭蹭的司机师傅，举止粗鲁的少年，故障百出的自动售货机）时，你的原始冲动是即刻找人发难，假如这种发难很快让你对冒犯者怒火中烧，假如你的怒火经常表现为强势的攻击行为，那么，对你而言，动怒就像是一个中毒日深的过程。总有一天，你的愤怒和敌意就像在身体里日积月累的砒霜，很有可能损害你的健康。跟你相比，那些没有愤世嫉俗、怨怒和攻击性倾向的人，更有可能拥有健康的身心。

对于那些对外界敌意程度不高的人来说，他生气的场合有限，他只有在真的受到不公正对待时才会感到心烦意乱。哪怕他很生气，他也气得很"可控"，他的血压并不会狂飙式上升。但对于你而言，你的愤怒终日往复，不断纠缠着你，在愤怒情绪爆发时，血压飙升，脉搏加快。愤怒像是一剂会侵蚀你身心的毒药，对你的健康造成各种伤害。

敌意如何危害健康？我们又该如何减轻敌意？相关知识来源于本书作者雷德福和其合作者的多项研究，以及雷德福夫妇30多年的生活经验。他们现在在工作坊和研讨会上为他人开出的许多"灭火"良方，最初都在他们的家庭和婚姻里接受了检验。

因此，与过往大多数科学家创作的书不同的一点在于，本书的核心理念是理论与生活实践结合的产物。

雷德福教授终身都在研究这样一个问题：人类的思维和情绪是如何导致严重的疾病乃至死亡的。他曾在耶鲁大学接受专业的内科训练，同时在美国国立精神卫生研究所有2年的研究经历。此后，他在杜克大学医学中心工作了20余年，目前担任精神医学系教授、临床医学系副教授和行为医学研究中心主任。

在过去的20年里，雷德福的研究围绕A型人格（即那种易紧张的、好竞争的、敌意程度高的人格）展开。长期以来，人们认为A型人格的人更容易罹患心脏疾病或其他身体疾病。但雷德福的研究证明，在诸多A型人格的行为特征中，只有敌意是对健康有害的。

1989年，他在《信赖之心：有关Ａ型人格的好消息》（以下简称《信赖之心》）中指出，敌意是对健康的一个重大威胁。在呈现科学证据证明敌意有损健康的同时，《信赖之心》还提供了一系列策略，帮助人们化解敌意倾向。

自从《信赖之心》出版以来，许多读者要求更详细地描述这些策略，来帮助他们抑制愤世嫉俗、怨怒和攻击性情绪。同时，证明敌意对健康构成威胁的研究与日俱增。例如，雷德福和其他研究者在杜克大学及其他地方开展的研究显示，敌意较重的人更可能是吸烟者、酗酒者、能量（卡路里）渴求者。这些恶习亦会严重危害健康。

如今，世界各地的许多研究机构还在继续这方面的研究，本书会在后续的章节中提供相关研究成果的更多详情。但这些研究结果只是本书想要讲述的内容的一小部分。

雷德福对敌意的研究也影响了他自己的日常生活。随着研究越来越深入，他开始意识到自己的许多人格特征，就是那些"敌意程度高的人"所具有的，而很多敌意程度高的人后来都出现了严重的健康问题，于是他决定减少自己的敌意，来避免这些威胁健康的因素影响到自己。

敌意不仅使雷德福的健康受到了威胁，还导致他的亲密关系恶化。直到20世纪80年代初，雷德福经常对他的妻子弗吉尼亚，以及其他人（比如水管工、司机，以及任何挡他道的人发火。他通常先对妻子或任何招惹他的人大发雷霆，对一件事耿耿于怀许久后，才开始着手解决问题。尽管他的妻子不是个容易生气的人，但面对雷德福山呼海啸般的愤怒时，她还是被迫采用刻薄的态度回击，或者在被辱骂后生闷气。于是，他们之间的关系渐渐疏远了。

最终，雷德福夫妇开始通过接受心理治疗来寻求改变，他们关于善待彼此的承诺，以及他们对婚姻的美好愿景让他们坚持了下来。雷德福需要减少敌意，而他的妻子需要变得更加自信。

多年来，他们确实做到了这些。当然，也免不了一些波折——雷德福有时还是会因为别人不顺其心意而大发雷霆，他的妻子仍不时会忍气吞声。尽管如此，通过应用他们在本书中所倡导的理念，这些年来他们已经学会了如何在大多数时候善待彼此。总而言之，他们过得更幸福了。

敌意人格本身，以及面对他人敌意时的应对方式，确实很难在朝夕之间改变。然而，你可以对这些致命的怒意与敌意保持觉察，并试着尽早叫停它。你还可以通过系统地运用行为修正原则，来改善自己与他人的关系，从而让自己的生活变得更积极、更快乐。

雷德福夫妇发现，克服敌意需要矢志不渝地努力。每当他们发现自己面临新的挑战时，雷德福就得学着控制好自己的敌意，而他的太太则不得不弄清楚该如何变得更加果断。

在本书后面的章节中，他们将与你们分享作为过来人的一些经验。

雷德福夫妇过去10年的婚姻里所面临的最大挑战，就是共同撰写这本书。一开始时，他们在潜意识里对彼此的预设是存在分歧的。雷德福的太太是一个历史学家，曾写过《超现实主义》《量子哲学》和《第一次世界大战》，她认为自己是这部新作品的"合伙人"。雷德福则主持过许多研究项目，毋庸置疑，他认为自己是这部作品的"总导演"。当他们意识到彼此间的观点存在分歧时，他们往往会对对方和写作本身感到厌恶。在一段又一段的文字中，一章又一章的内容里，他们不得不重新处理关于倾听、共情、宽容、坚持和信任的问题。

在写这本书的过程中，雷德福夫妇有时也会感到，他们之前控制敌意的一切努力都要推倒重来。但他们在一起写书的过程中渐渐学会了善待彼此，并甘之如饴。他们学会了通过倾听彼此的想法，共同决策，互相让步，来让本书变得更加精彩纷呈。同时他们的婚姻也愈发美满了，他们培养了一起写书的兴趣，也积累了控制敌意的新经验。如果他们这对"敌意＋犹豫"的组合都能成功地控制敌意，那么你也可以！

让我们来澄清一些关于表达愤怒的误解。卡罗尔·塔瑞斯在她的综合性研究著作《愤怒：被误解的情绪》中纠正了一些常见的误解：

误解 1:"攻击是愤怒时的一种本能宣泄。"

真相:攻击是一种后天养成的宣泄习惯,只有那些误认为这么做可以规避所有不良后果的人才会这么做。

误解 2:"只要大声宣泄自己的怒意就可以消除它,或者至少让你感到不那么生气。"

真相:一系列研究表明,肆意表达愤怒可能会聚焦愤怒甚至增加愤怒。塔瑞斯建议,在表达愤怒之前,可以先评估一下自己是想继续生气还是想解决问题。

误解 3:"儿童时期发脾气是一种健康的宣泄途径,可以预防成年后的心理障碍。"

真相:发脾气的现象在儿童两岁和三岁的时候最为常见,到了四岁就开始逐渐消弭,除非孩子学会了通过这种行为来操控他人。正如塔瑞斯所说:"宣泄情绪和其他任何行为一样,都能后天习得。"

还有一个常见的误解是,克服敌意需要抹杀过去的自己。一个特别极端(并非个例)的案例出现于 1991 年的电影《意外的人生》中。电影一开始,主人公被刻画成一名易怒且冷漠的律师。到电影结束时,他已经学会了用爱来回馈家庭,还养了一只小狗,并且克服了自己的敌意。这些改变听起来当然是令人向往的，但我们会被主人公这种轻而易举就克服敌意的经历所误导。

在电影中，亨利是在一次持枪抢劫事件中被击中了头部后，才在心中重新塑造了"信任"与"亲近"的概念。中弹后他失忆了，因此他的医生和家人不得不像教新生儿那样从头开始帮助他。他必须非常努力，才能维持最基本的日常生活，但克服他的敌意似乎变得轻而易举。当然，这和现实不符，在现实生活中，克服敌意需要下定决心，学习相关的技能以及不断练习，而不是进行一场前额叶切除手术！

看到亨利这样的银幕英雄，你难免会对消解愤怒产生错误的认知。但请不必感到害怕，在现实生活中，你会发现自己不必付出巨大的代价，也能控制那些要命的怒气。

诚然，控制你的敌意也不简单——所有了不起的事情都是这样——但你可以努力习得所需的技能。敌意程度不高的人的生理结构和成长环境让他们倾向于做出健康的行为，而拥有敌对心态的人则可以通过后天的努力，习得一些技能来对抗充满敌意的行为倾向。只要付出时间和努力，敌意也是可以得到控制的。

√你可以学会更友善地对待他人，作为交换，他们也会更友善地对待你。

√你可以学会在失控之前克制自己的怒意，这会让引起你愤怒的情况变少。

√经过持续的练习后，你最终可以改变对他人的悲观预设。

首先，你需要评估自己的处境。在第一部分中，你将通过问卷测评自己的敌意程度。然后，我们将用更精确的、更有针对性的方法来评估你的敌意程度。

在第二部分，你将看到一些科学证据，来证明为什么愤怒可以致命。

此外，本书大部分内容都将集中在教你如何克服敌意与愤怒。在第三部分，我们会从理性辩论（第3章）开始，你将学到一些方法，当莫名其妙的怒意出现时，这些方法能帮助你摆脱愤怒的纠缠。

接下来我们将介绍一组策略——叫停有敌意的想法、感受和情绪（第4章），转移注意力（第5章）和冥想（第6章）——这些策略将帮助你从不必要的愤怒中解脱。它们旨在阻止你那些充满猜忌的悲观想法，减少你的愤怒情绪，从而减弱你"战斗或逃跑反应"的程度，避免你受到过度刺激（第7章）。

有时，你确实会受到一些充满敌意之人的恶意对待。在这种情况下，你需要采取一些有效措施来制止他们。关于坚持自己的立场的章节（第8章）将教你如何做到这一点。

另一组策略——照顾宠物（第9章）、倾听（第10章）、练习相信他人（第11章）、服务社区（第12章）、提高共情能力（第13章）、包容（第14章）、原谅（第15章）和拥有知己（第16章）——其目标是改善关系，从而增加你的社会支持。除了教你如何减少对他人的强势态度，这些策略还能增进你与他人的"联系"。

最后一组策略——自嘲（第17章）和像今天是最后一天那样活着（第18章）——将帮助你采取积极的态度，通过更多地关注现实的生活来减少你的敌意。

你可以在生活中综合应用这些策略。有时，在尝试第一种策略后，你可能需要继续尝试第二种甚至第三种策略，在某些情况下，"组合拳"可能效果最佳。为了帮助你应用这些策略，本书会将它们按照常用性从高到低排列。

掌握这些策略将使你在如下方面获益：

1.减少愤怒击溃你的次数，减轻你的心血管系统的负担。

2.在面对压力时，考虑不同的应对选项，并选择最合适的回应方式，这样你刺激到他人的次数也会明显减少。如果你将自身的精力集中在有益的策略而不是情绪上，那么你可能更容易得到想要的结果。

3.使用策略来增加社会支持，并将生活导向积极的一面，会使你的生活更加快乐。

简而言之，当掌握了这些策略，生活会变得更加美好！

对于我们中的一些人，并不是我们自己充满敌意，而是身边人的敌对情绪不可避免地影响到了我们。所以在第 19 章中，我们将着重讨论如何应对他人的敌意，以及可以采取哪些措施来改善你的处境。

对于你或你所爱的人来说，这本书就像一个工具包，它装满了可以帮助你们控制敌意的策略。掌握这些策略后，你可以在今后的生活中掌握更多的主导权。

让我们开始吧。

第一部分

识别敌意

我现在很生气。你有什么建议吗?

第 1 章
我有风险吗

我们的"沸点"各异。

——拉尔夫·沃尔多·爱默生

"愤怒有危及生命的风险,它是会杀了我吗?"你可能会这么问。

人群中,大约有20%的普通人的怒意水平会高到足以伤害身体健康,还有20%的普通人的怒意水平很低,大多数人的怒意水平位于两者之间。

在你阅读到引言中提到的科学研究前,让我们先试着大致确定你真实的愤怒情况。阅读本书的前半部分,你会更容易评估你的健康风险,而不至于被那些研究成果带偏。

到目前为止,科学家们尚未发明足以称得上是"黄金标准"的评估测试,用来确定我们的怒意水平是不是处在危险区间。在过去几十年的研究里,科学家们将怒意聚焦于更易测量的"敌意"这个概念,这是一个危害健康的人格特质。用来测量这个人格特质的问卷、访谈及其他研究方法层出不穷。但至今没有一种方法被广泛认为具有权威性。

从预测疾病和死亡风险的角度来说，唯一一个相对有效的问卷在一些研究中被提及，它就是"敌意"量表（库克和梅德利编制的库克—梅德利敌意量表，以下简称Ho量表）。Ho量表由明尼苏达多项人格调查表（一项被广泛使用的心理学测试）中的50个问题构成。然而，并不是所有的研究都发现Ho量表的分数能准确预测健康问题（原因暂不明朗）。在心理学家约翰·贝尔富特（雷德福在杜克大学的一位同事）主导的一项研究中，研究者让一组在法学院就读的律师填写明尼苏达多项人格调查表并追踪他们25年，结果发现Ho量表的50个问题中，只有27个能预测死亡率的增加，剩下的23个问题并没起到预测结果的作用。

更好的敌意评估工具成了热门的研究课题。雷德福和他的同事根据Ho量表的内容，对有效预测律师的高死亡率的27个问题进行了分组，得出了3个和敌意相关的类别，即态度、情绪和行为。以这些问题和分类为基础，我们加入了其他量表和问卷中的问题，并基于我们的个人经验尤其是雷德福作为敌意程度高的人群中的一员的经验，形成了二类问题的扩展版本。这就是你将要尝试的新Ho量表。为了让问卷更容易理解和填写，我们简化了问题的形式。

尽管雷德福仍在进行研究并验证问卷的有效性，但是新

Ho量表至少能和原来的Ho量表一样有效（原Ho量表是新Ho量表的源头）。我们在最近进行的一些研讨会和工作坊中使用了新的量表，并发现大多数使用这个新Ho量表的人会感觉它精准地测量了他们的敌意水平。

现在，继续读下去，试着填写接下来的这份新Ho量表。它会提供衡量你敌意水平的准绳。这一章的末尾则会提供另一种测量你敌意水平的方法。

新Ho量表及说明

做书面测评是评估你敌意水平的最容易的方法。只要你仔细回答这些问题，并把你的答案综合在一起，就能对你的态度和行为进行较为合理且准确的描述。

你很容易有这样一种感觉，即家长、老师，或者我们想取悦的其他人正在背后看着我们写答案！试着在你正式开始前摆脱这种感觉吧。你也要避免选择那些你认为自己应该选择的答案或者那些传统意义上听起来比较正确的答案。请根据你的直觉自发作答。否则，这只会变成一件自欺欺人的事情，根本不值得做。不像你在学校经历的那些考试，这份量表没有所谓的正确答案或者错误答案。你感觉对的答案就是专属于你的正确答案。

每一道题都描述了一个特定或常见的场景，你可能遇到过这些场景。如果没有,那就想象你在这个场景中会如何反应。

在场景描述之后,会有两个选项——A 和 B,来描述这个场景会如何影响你,或者你会如何应对。在有些情况下,给出的两个选项看上去可能都不太符合你的心意,或者两个选项看上去都有可能是你的反应。这很正常,你可以任意作答,选择你在这个场景下更倾向做出的那个反应。

你可以在一张白纸上写下题序 1~46,在每个题序旁边写上你对于这个问题的选择,A 或者 B。记住,每个场景中只能选择一个选项。

请记下你第一眼觉得对的答案,即你根据本能反应得出的答案。这通常代表你内心真实的立场。完成所有问题的平均时间大约是 15 分钟。

在下一章你会发现,这 15 分钟能帮助你判断自己是否需要在思考、感受以及行为的方式上做出本质的改变。

1. 有一位青少年开车经过我家附近,车上的音响大声播放着摇滚乐。

A. 我开始理解为什么有的青少年会出现耳背的问题。

B. 我感到我的血压开始升高。

2. 理发师给我剪的头发比我预期的短。

A. 我会告诉他们,他们剪得很烂。

B. 我觉得头发会长回来的，但下次得更坚定地沟通我的需求。

3. 我站在超市的快速结账队伍中，标牌上写着"少于十件物品"。
A. 我拿起一本杂志来打发时间。
B. 我不时向前瞥几眼，看看谁会拿十件以上东西。

4. 很多大城市都有数量可观的流浪汉。
A. 我认为流浪汉穷困潦倒是因为他们缺乏雄心壮志。
B. 流浪汉是疾病或者不幸的受害者。

5. 有时我会对某些人很生气。
A. 我总能克制住自己打人的冲动。
B. 我偶尔会动手。

6. 报纸上有一则显眼的新闻，内容是与毒品相关的犯罪。
A. 我希望政府能出台更好的与成瘾相关的预防及戒治方案。
B. 我希望每个毒贩都被判无期徒刑。

7. 艾滋病的发病率已经越来越高了。
A. 这是由一小部分人群不负责任的行为导致的。
B. 这个病是场悲剧。

8. 我有时候会和亲朋好友吵架。

A. 我发现骂脏话很有效。

B. 我几乎不说脏话。

9. 我经常遭遇塞车。

A. 我通常不会感到心烦意乱。

B. 我会立刻开始生气。

10. 有一个很重要的工作要做。

A. 我倾向于独立完成。

B. 我倾向于号召朋友和同事们帮忙。

11. 有时候我一直憋着自己的怒火。

A. 这样做能阻止我自己小题大做。

B. 这不是一个好主意。

12. 旁边的司机想加塞。

A. 我通常会闪大灯或者鸣笛以警示他。

B. 我会离这个司机远远的。

13. 有人不公正地对待我。

A. 我通常很快就忘了。

B. 我倾向于反复想这件事好几个小时。

14. 我前面的车在我不熟悉的路上开始减速甚至停了下来。

A. 我猜前面在施工。

B. 我猜前面出了一个小型事故。

15. 有人表达了一个无知的看法。

A. 我会试着纠正他或她。

B. 我可能会让这件事过去。

16. 我在一条行进缓慢的银行或超市队伍中。

A. 我通常对前面磨磨蹭蹭的人感到恼火。

B. 我很少关注要等待多久。

17. 有人很鲁莽，很恼人。

A. 我倾向于在将来避免跟这类人相处。

B. 我可能会粗暴对待这类人。

18. 一个竞选年过去了。

A. 我又明白了政治家多不可信。

B. 我沉浸在帮助候选人的兴奋中。

19. 我在等电梯,电梯已经在楼上耽搁太久了。

A. 我立刻觉得烦躁生气。

B. 我开始计划今天剩下的时间该怎么过。

20. 我跟不喜欢的人待在一起。

A. 我试着尽快结束这次会面。

B. 我发现不对其表现得没礼貌很难。

21. 我看到一个超胖的人在街上走过。

A. 我好奇为什么这个人这么没有自制力。

B. 我觉得对方可能有代谢方面的问题或者心理疾病。

22. 我坐在车辆的前排位子。

A. 我趁机欣赏美景。

B. 我对前面的危险路段保持警惕。

23. 有人批评了我做过的事。

A. 我会感到很生气。

B. 我试着判断这个批评是否有理有据。

24. 我参与了一场辩论。

A. 我能专心传达我的观点。

B. 我能感觉到我的心态不稳,呼吸也变得更重了。

25. 一个朋友或者同事不同意我的看法。
A. 我试着更清楚地解释自己的立场。
B. 我倾向于跟对方争个高低对错。

26. 有人在聊天时语速很慢。
A. 我倾向于帮对方说完。
B. 我倾向于听对方说完。

27. 如果会列入征信,大多数人不会不付钱就溜进电影院。
A. 他们害怕被限制消费。
B. 因为这么做是错的。

28. 我对于养孩子有自己的看法。
A. 当他们表现好的时候,我会奖励他们。
B. 我会让他们知道什么是规矩。

29. 我听到了一则关于恐怖袭击的新闻。
A. 我想破口大骂。
B. 我惊讶于为什么人能如此残忍。

30. 我在和我的伴侣说话。

A. 我发现自己常常走神。

B. 我发现自己很容易全神贯注地听对方在说什么。

31. 过去的某些时刻我真的很生气。

A. 我从来没有乱扔东西或者摔门。

B. 我有时会扔东西或者摔门。

32. 生活是由无数个小烦恼组成的。

A. 它们经常让我心烦不已。

B. 它们常常在不经意间被我忽视。

33. 我不同意朋友做某些事情。

A. 我通常不会把反对意见说出口。

B. 我通常会让朋友知道这一点。

34. 我正在为接下来的航班选座。

A. 我通常会在飞机的固定区域选座。

B. 我通常会让工作人员帮我选。

35. 我在这周的每一天都有某种感受。

A. 我不时会想发牢骚。

B. 我通常情绪稳定。

36. 有人在商店里撞了我一下。

A. 我很快忘了这个小事故。

B. 我对这个人的莽撞感到生气。

37. 我的伴侣正在做饭。

A. 我得时刻关注情况,以保证没有东西烧煳了或者失火了。

B. 我可以和对方聊聊日常,或者读读文章。

38. 男朋友或女朋友临时打电话说他或她太累了,今晚不想出来,而我已经买了两张很贵的票。

A. 我可以约其他人一起去。

B. 我会向朋友抱怨自己的对象一点儿也不懂得体谅别人。

39. 我回忆起之前惹我生气的事情。

A. 我会再次感到非常生气。

B. 单单是回忆这件事并不会再困扰我。

40. 在商场中,我看到人来人往。

A. 大多数人要么在购物,要么在散步。

B. 大多数人在浪费时间。

41. 有人在派对上滔滔不绝。
A. 我得找机会奚落一下对方。
B. 我的注意力很快去了其他地方。

42. 有时候,我需要和能力不强的人合作。
A. 我能专注于自己的工作。
B. 我对需要忍受他们这一点感到生气。

43. 当我的伴侣给我买生日礼物。
A. 我想要自己挑。
B. 我想要一个惊喜。

44. 我对某人印象不佳。
A. 我不会说出来。
B. 我会让对方知道。

45. 在我参与的大多数争论中,我扮演的角色始终如一。
A. 我通常是那个更生气的。
B. 别人会比我更生气。

46. 银行或者超市里总有缓缓移动的队伍。
A. 这是现代生活中不可避免的小麻烦。

B. 这都得怪某些人的不称职。

计分表

猜忌：

愤怒：

攻击性：

总体敌意水平：

猜忌、愤怒和攻击性是我们在本章开头描述的三个分类，这三类在新 Ho 量表中能比较准确地测量我们的敌意水平。在下一章中你会学到，这些不同层面的敌意会对我们的健康造成极大的危害：

√猜忌：本书中指的是一种态度，通常是指对于他人动机的不信任，对他人的"不当行为"时刻防备。

√愤怒：本书中指的是一种负面情绪，即猜忌他人或对他人的行为有糟糕的预期时出现的情绪。

√攻击性：本书中指的是一类适应不良的行为，通常是敌意程度高的人群被负面情绪（比如愤怒、恼火等）影响而产生的行为。

前面的测试是为了揭示你在这三个敌意维度的水平，而敌意水平越高,死亡率越高。

回到测试结果,给你的猜忌水平打分:如果你在这些题目中选的答案与题号后面的答案一致,就给自己加一分。3B、4A、7A、10A、14B、18A、21A、22B、27A、30A、34A、37A、40B、43A、46B。如果你在这15个猜忌类的问题中,有8个答案和题号后面的答案一致,那么你的猜忌分数就是8。

这15个问题是用来测试猜忌水平的高低的,猜忌水平高意味着你相信人通常是自私的,主要为了他们自己考虑,大多数时候,你不相信他们会做对的事情,你是你自己唯一能真正依靠的人。例如,在第3题中,你在超市的快速结账队伍中选了"我不时向前瞥几眼,看看谁会拿十件以上东西"而不是"我拿起一本杂志来打发时间",这意味着你对他人的信任程度很低,你预判别人会偷偷地拿上多于十件的商品。

把你的猜忌分数填写在测试题后的计分表中的合适位置。

√如果你的分数是0~3分,那么你的猜忌水平很低。

√如果你的分数是4~6分,那么你的猜忌水平较高,你需要重视。

√如果你的分数是7分或者更高,那么你的猜忌水平已经非常高了。

给你的愤怒水平打分:如果你在这些题目中选的是题号

后面的答案，就给自己加一分。1B，6B，9B，13B，16A，19A，23A，24B，29A，32A，35A，36B，39A，42B，45A。把总分填写在计分表上标注"愤怒"的一栏。

你可能已经注意到了，这些问题用于测试在面临生活中的挫折时（比如第9题的塞车），你是否常常会表现为怒火中烧或烦躁不安。

√如果你的分数是0~3分，那么你的愤怒水平很低。

√如果你的分数是4~6分，那么你的愤怒水平较高，你需要重视。

√如果你的分数是7分或者更高，那么你的愤怒水平已经非常高了。

给你的攻击性水平打分：如果你在这些题目中选的是题号后面的答案，就给自己加一分。2A，5B，8A，11B，12A，15A，17B，20B，25B，26A，28B，31B，33B，38B，41A，44B。把总分填写在计分表上标注"攻击性"的一栏。

这些问题用来测试你是否会公然地攻击他人，要么通过肢体接触的方式（比如第5题——当我对某些人很生气，"我偶尔会动手"），要么通过语言的方式（比如第33题——当我不同意朋友做某些事情时，"我通常会让朋友知道这一点"）。

√如果你的分数是0~3分,那么你的攻击性水平很低。

√如果你的分数是4~6分,那么你的攻击性水平较高,你需要重视。

√如果你的分数是7分或者更高,那么你的攻击性水平已经非常高了。

你的敌意水平总分值就是这三个方面分值的总和。把你的猜忌、愤怒和攻击性的分数加起来,将这个分数填写到计分表中的"总体敌意水平"一栏。

如果你的敌意水平总分是10分或更低,在下一章中将要提到的研究会告诉你,你的敌意水平低于可能给你带来健康威胁的区间。一旦分数超过10分,那么你的敌意水平就会增加你出现健康问题的风险。

你在猜忌、愤怒及攻击性维度的分数,会为你在敌意的不同方面如何改变提供线索。比如,如果你的猜忌分数是9分,但你的愤怒分数和攻击性分数都是4分,那么这表明你需要集中改变你对他人的态度。

如果你对于之前的测试有很多不确定的答案,或者你的分数处于临界值或者暂无定论,那么你可以换一种方式进行之前的敌意水平测试,后面我们会描述另一种评估你的敌意水平的方法。对于人格测评的研究表明,如果熟知你的人替你做人格测试的他评,得到的分数和你自己做的结果相关性极强。

如果你相信身边人的判断（比如你的朋友或者伴侣），你或许可以问问他们能不能帮你做这个测试。让他们在每个问题中选出他们认为你会选择的答案。如果他们选择的答案和你选择的答案很接近——敌意程度总分偏差不超过3分——那么你的自测分数很可能是准确的。如果两者相差高于5分，特别是如果你朋友选择的答案的分数比你的高，那么你可能低估了自己的敌意水平。

你也可以替你身边的人（比如伴侣）做这个测试，看他们的敌意程度是不是过高。如果是的话，那就把这本书借给他们，帮助他们尽早开启阅读疗法的旅程吧！

愤怒日志和愤怒指引图

第二个判断你敌意水平的方法是回看你日常的行为。难点是记录下准确完整的信息。尽管简单回忆每天发生的事情也能实现目的，但一份记录着你的思维、感受和行为的日志能提供更细节也更系统的数据。

你可以建立一个愤怒日志，一旦你有了冲动的行为（比如按喇叭或者猛敲电梯门）、愤怒的情绪，或者负面的想法，就立刻记录下来。试着记录所有东西，从琐碎的念头到会议上的胡思乱想。

试着回忆一下之前提到的三类敌意因子——猜忌的态度 /

想法，愤怒的情绪/感受，攻击行为——它们均在贝尔富特教授对于律师的追踪研究中预测了更高的死亡率。这就是你一定要在愤怒日志中记录下每一个敌意因子的原因。

每当你觉得别人搞砸了事，做了坏事，做事考虑不周，或者行为不当，就在你的愤怒日志中把它记录为猜忌的想法。你可能要问："那如果他们真的考虑不周呢？"不要着急，之后的愤怒指引图能帮你解决这个问题（如果你真的有了这个想法，可能就表明你的猜忌水平确实很高）。

每当你发现自己有了负面的情绪——比如从轻微的烦躁到愠恼再到发怒，一直到你自己都控制不了的严重程度——你就可以在愤怒日志中把这些情绪都描述为愤怒情绪。

每当你发现自己有过激的行为（或者有股子冲动劲儿），就把它记录在攻击行为这一类。攻击行为包括微小的肢体语言（对排在你前面花很久时间的人皱眉），中等程度的行为（遇到交通拥堵时狂按喇叭），和极端行为（生气地朝某人大吼，或者猛烈地攻击对方）。

有时你可能没办法在惹人生气的事件发生时及时记录。在这种情况下，简明、快捷地记录几行字即可。等有了私密空间时，再尽快将其整理成更为详尽的报告。在一天结束的时候，回顾你的记录，看看当天的愤怒事件的数量和内容。我们建议你开始时采用如下格式，来让你的记录更详细，更便于查阅。

> **愤怒日志**
>
> 时间：简单写下日期和时间点。
>
> 场景：描述你在哪里，以及发生了什么。
>
> 想法：记录你的想法。
>
> 感受：描述你的感受。
>
> 行为：描述你的做法。
>
> 卷入程度：这个情景对你的影响程度。

诚然，一小部分工作坊参与者写着写着就不像一开始那么认真了。大多数情况下他们能持续改进，而努力通常带来进步。如果在记录这件事上你开始弄虚作假，那么你可以及时让自己回到正轨，哪怕你疏于记录，也不要放弃尝试在后面章节中提到的那些策略。任何有关控制愤怒的尝试都是好的！在这里，我们认为大多数人能适应持续记录愤怒，给自己一个机会，掌握这项有用的练习。

在你开始记录之前，让我们一起看下诺曼·史密斯早期记录的愤怒日志。诺曼是雷德福的一个老病人，也是他的研究对象。故此，这些记录很有代表性。

愤怒日志（第一条）

时间：1993年4月27日，早上7：30

场景：在床上。收音机播报说当地警方正在缉查毒品，涉事人员为哥伦比亚人。

想法：为什么这些人不能待在他们自己的国家？

感受：对哥伦比亚政府既不控制毒品生产也不逮捕毒贩子生气。

行为：无。

卷入程度：很低，主要是因为困。

愤怒日志（第二条）

时间：1993年4月27日，早上8：00

场景：在家，检查孩子的房间，发现衣服在地上。

想法：讨厌的熊孩子，他们为什么不能把衣服捡起来？

感受：生气，同时很紧张，神经紧绷。

行为：朝苏济大吼大叫。

卷入程度：很烦。

愤怒日志（第三条）

时间：1993年4月27日，早上8：15

场景：在一条环线上，收音机里正在播报日本贸易逆差的新闻。

想法：日本人拿的多给的少。

感受：略生气。

行为：无。

卷入程度：轻微。

愤怒日志（第四条）

时间：1993年4月27日，早上8：22

场景：还是在那条环线上，一辆车飞驰而过，在前面出口处加塞。我不得不猛踩刹车。

想法：有的人真是莽撞哟！

感受：一开始很愤怒，记录时的几分钟也挺生气。

行为：按了5秒钟车喇叭。

卷入程度：高。那种傻子会造成事故的！

显然，这两条环线上的事件是事后补的，可能是在等红灯时或者到办公室后写的。

愤怒日志（第五条）

时间：1993年4月27日，早上9：30

场景：周二的市场部会议，鲍勃·施瓦茨强推他的计划。

想法：鲍勃·施瓦茨是个马屁精、混蛋。

感受：对鲍勃感到生气。

行为：没做别的什么，就是坐着生气。

卷入程度：高。

那天除了晚上的几条记录以外，就没有别的内容了。这些记录都没有描述诺曼在回家路上发生的事情。另一件事是他对妻子大发脾气，而1993年4月27日的最后一条记录发生在诺曼家附近的购物中心。

那天晚上较晚的时候，诺曼看着他的日记本，注意到八条记录将他推向了心血管疾病的高风险区。他也注意到他朝妻子和女儿吼叫，并在路上按喇叭，这些攻击行为亦将他置于风险之中。

在愤怒指引图的帮助下，诺曼仔细审视了他的记录。指引图的顶部留有空白，诺曼可以在上面写字，也可以只是依次看日志中的每一条记录。仔细回顾第一条记录后，诺曼根据指引图问自己第一个问题："收音机里播报的内容值得我关注这么久吗？"对于他的第一条记录，他给出了肯定答案，因为吉米和苏济长大了，可能会接触到毒品。

接下来根据愤怒指引图，诺曼问他的想法、感受、行为是否有理有据。对于他的第一条记录，他总结道：自己有理由对那些哥伦比亚的政府官员感到生气，因为毒品造成了很大的危害。但他不能责怪那个国家的每一个人，所以讨厌住在那里的所有人是非理性的。毕竟，他从没有见过那些人，也不知道他们有没有控制毒品流通的能力。

诺曼的最后一个问题是他有没有有效应对。他觉得自己没办法影响哥伦比亚官员，但能影响本国官员。他决定写信给美国参议员和国会代表，督促加强毒品巡查立法。他把这

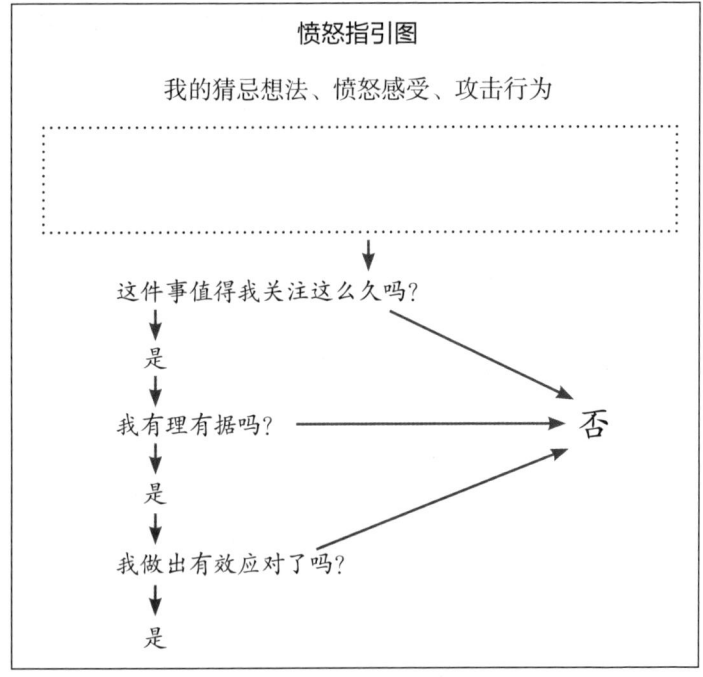

个想法记在了日志上的相关条目旁。

诺曼把日志中的每一条记录都用指引图中的 3 个问题过了一遍。每次他得到一个否定回答,他就停下来把自己的想法、感受或行为中不妥的地方记下来。一旦他得到了肯定回答,他就继续问下一个问题。当他掌握窍门,他就能很快完成这些。

当诺曼问到重要性的问题时,他略过了一条记录。他因为苏济把衣服丢在地上而发了脾气,他觉得自己的做法太糟糕了,把衣服丢在地上只是一件微不足道的小事(他想要建立起他和女儿沟通的桥梁)。

当诺曼问到其他的记录是否有理有据时,他放弃了自己对日本人的愤怒,但依然对不体谅别人的司机感到生气。他对于鲍勃的事情不是很确定,可能鲍勃是有问题,但鲍勃从来没有对诺曼不好过,也从没有怠慢其他人。诺曼仍觉得鲍勃是个马屁精,但他决定不让鲍勃的事情持续困扰自己。

"我做出有效应对了吗?"诺曼接着又问了一个问题——那个考虑不周的司机的确需要被挫挫锐气,但按喇叭好像只会让自己和路上的其他司机变得更加急躁。

诺曼现在需要写完那封计划中的信,他已经打消了继续关注鲍勃的念头,并且意识到因为小事朝苏济和妻子大吼大叫不会有什么好结果,只会让她们疏远他。

那天晚上,在问了指引图上的每一个问题后,诺曼得出了结论——他那天的大多数猜忌的想法、愤怒的情绪和攻击行为都：

√不值得他当时给它们以高度关注；

√不是那么有理有据；

√不值得深究，因为他也没有有效的应对方法。

针对那些能有效应对的情境，他也已经采取了相应措施。

在坚持记录一周，并每晚用指引图回顾每一条记录之后，诺曼觉得他确实有太多愤怒和敌意了。可能他在新 Ho 量表中的高分并不是像他当时想象的那样无中生有。

你可以立刻开始记录你的愤怒日志。首先拿一本日记本，最好选一本结实的、大小刚好能装进口袋的。在日记本的前面，写下诺曼用过的格式——时间、场景等——作为你做记录时的参考（如果你想的话，你也可以用别的格式替换。重点是记下你的想法、感受和行为）。

在一周的时间内，一直带着你的小日记本。每当你行为冲动，感到愤怒，或者有猜忌、怀疑他人的想法时，便尽快将其记录下来。

在每天的结尾，数一数你日志上的条目。如果你当天有 3 条以上的记录，你可能属于高敌意水平人群（在人群中约占 20%）中的一员。虽然你的愤怒和敌意会随着时间消退，但愤怒和敌意却给你的身心健康造成了实打实的伤害。

另外一项测试则是要评估以下情况：你的记录中不值得

你投入关注的比例是多少？你的感受中没有强烈的事实根据的比例有多少？你在没有有效应对方式的情况下依然很生气的比例是多少？如果多于25%的记录在指引图中的三个问题中的其中一个得到了否定回答，这是另一个征兆，即表明你的敌意水平可能过高。换句话说，如果多于四分之一的愤怒和敌意想法、感受、行为不值得你为之投入关注，且并无根据，或者你没有有效的应对方法，那么它们的数量就显得太多了。

除了作为诊断工具以外，坚持记录愤怒日志以及通过愤怒指引图评估你的记录也有许多其他好处。

√正式的书面记录能鞭策你立即仔细观察真实的行为、感受和想法。持续这种观察能帮助你加强自我认知并变得更客观。

√这些书面记录能让你系统、理性地回顾什么会激起你的过激反应，并审视你的行为。通过这些信息，你能思考其他行为的可能性，并评估你的应对方式是否足够好。如果你在书中后面的章节里学到的其他行为方式更有效，你可以在心里记下来，下次再发生类似情况的时候，试着用更好的方式应对。

√一旦你做了记录，这条书面记录就是永久的。如果你愿意，你可以在各种不同场合，通过任意角度重新审视这些记录中的场景。

现在你对于你的愤怒和敌意水平有了更多的认知，你了解了愤怒和敌意是否会让你的健康面临风险。如果你的愤怒和敌意水平处于危险区间，继续阅读下去，后面的内容会阐述愤怒和敌意确实能危害健康的证据。你会理解愤怒和敌意是如何给身体造成伤害的，以及那些鼓舞人心的研究结果又是如何描述行为治疗方法能减少（或抵消）愤怒和敌意的伤害，让我们延年益寿的。让我们一起展望未来，看看新的研究为愤怒和敌意的神经生物学基础和其对健康的危害提供了什么线索，这些线索可能正在发展成为"灵丹妙药"，消解愤怒和敌意的危害。

第二部分

科学背景

第 2 章
敌意的真相

人善被人欺。

——里奥·杜罗切

敌意的形成：马丁的故事

马丁刚从停车场出来的时候，至少有三个心情愉悦的理由：他刚才还在县医院进行销售工作，车上的空调已经开了一会儿了，所以现在哪怕他穿行于北卡罗来纳州东部的七月热浪里，车上依然凉快；也就在刚刚，他说服了手术室负责人买了十台自动血压监测仪，完成了这个季度的销售任务，而发下来的奖金刚好能给孩子买校服；如果再能有一点点运气，他就能顺利穿过环城高速，赶上和家人共进晚餐。

而马丁的好心情在加速通过近郊的时候烟消云散。他讨厌前面的两车道柏油马路，但是他还需要再开60千米才能到四车道的高速公路。"路上那些讨厌的慢性子司机一定会让我接下来开得很憋屈。"马丁想。

这么想着，他狠踩了下油门，V8发动机①立刻加速到了100千米/时（限速90千米/时）。开始的十几公里开得非常顺利，直到他渐渐逼近一辆装满了木材的卡车（在这个区域非常常见）。

"至少现在这该死的卡车后面只有一辆车，如果他超车，"马丁自言自语，"那么我就可以跟着超过去，就不用堵在这里了。"

哪怕马丁都能看见卡车的前面无车阻挡。但是，紧跟在卡车后的那辆脏脏旧旧的轿车，却并没有流露出任何超车的意图。"白痴！"马丁朝着轿车司机大叫，"趁着现在前面路况好赶紧超车啊！"

---

① 是内燃机的汽缸排列形式之一，在美国比较常见。

马丁离得更近了一些，这轿车却依旧慢悠悠地跟在卡车后面。马丁闪了几次大灯催促前面的司机："快点，快超车啊，混蛋！"

最终，马丁实在忍不了了，他慢慢开到左侧道路，看前方没什么车，一脚油门踩到底，想一起超过轿车和卡车。但是，当他刚超过轿车时，立刻发现自己犯了大错——对向一辆车刚完成转弯，飞速开了过来。马丁迅速打了右转向灯，想回到原来的车道，加塞到卡车和轿车之间。

但是，他右边车的司机不仅没减速让他回去，反而加了速！这逼得马丁只能猛踩刹车，紧急减速。对向来车开始大灯狂闪，喇叭长鸣！马丁费了九牛二虎之力，终于赶在对向来车撞翻他的车之前，惊险地回到了原来的车道。

"王八蛋！"马丁狂怒道，"超车的时候像个胆小鬼，我想加塞的时候就一点儿不让！"

之前他答应了妻子，路上绝不抽烟，但此刻他翻箱倒柜，找出了之前藏在车内杂物箱里的烟。随着烟气入肺，他的愤怒开始减弱，然后他一次次想记下前面那辆轿车的车牌号，为的是举报它干扰行驶。

随着这些想法慢慢渗透进马丁的大脑皮层，马丁的下丘脑神经细胞逐渐清醒。这些细胞开始向脑海深处发送消息，直到马丁的肾上腺向血管里疯狂泵出肾上腺素和皮质醇。

"马路杀手！"马丁气炸了，"至少是个潜在杀手！"

肾上腺素到达了马丁的心脏，让心脏越跳越快，他的血压飙高，之前吃的降压药也开始控制不住。

"那个蠢货应该进监狱！"

肾上腺素刺激着通向肌肉的动脉扩张，同时，被激活的下丘脑急救中心警铃大作，试图刺激交感神经，让动脉中流向皮肤、肾脏、肠的血液流速稍微降低。

如果马丁像他两百万年前的祖先那样，正在遭受一只剑齿虎的袭击，马丁在两车道上经历的所有身体反应都会对他有帮助。在一个人被猛兽啃咬或者狠抓时，他根本没时间思考能不能消化一餐饭，或者尿尿是不是一种对体内水分的浪费这种无聊的问题。不管接下来是进攻还是逃跑，让血液远离皮肤表层，并大量泵入肌肉里，都很有必要。

现在马丁血管里多余的皮质醇加剧了肾上腺素对心脏和动脉的影响。这种影响，只有在面对老虎，或者其他族群中的雄性抢走你的伴侣时，才会有用。

被"点燃"的下丘脑细胞关闭了马丁的副交感神经系统，导致他血压上升。副交感神经系统本来有令人镇静的作用，此时被关闭后，肾上腺素便会持续让他的血液翻腾。

肾上腺素和皮质醇同时让他的免疫系统"停摆"了。同样，这种情况只有在受伤、遭受攻击的情况下才是好事，因为没人希望免疫系统在这些时候开始产生抗体来攻击自己的身体组织。

随着这些愤怒持续作用,马丁的心脏开始泵出远超过坐在车上的身体在新陈代谢时所需的血液。他的身体开始向大脑输送信号,皮质醇水平正在升高,紧接着心跳不止,手掌汗湿,呼吸也变得粗重。这些信号告诉他的大脑,危险离你不远了。

马丁的血压急速上升,同时,在向他的心肌供血的冠状动脉内层,内皮细胞正遭受着快速流过的血液的冲击,就像洪涝出现的时候,洪水冲击河岸那样。

让事情更糟糕的是,马丁的血小板(血液中负责止血的细胞)迅速冲向"受伤"的动脉。但他此时并没有被抓伤流血,也根本不需要血小板做这些无用功。

肾上腺素刺激更多的血小板聚集在被刮到的动脉表面,它们产生的化学物质刺激动脉壁的肌肉细胞在内表面上分裂增长。巨噬细胞[①](另一种血细胞)收到信号,也赶到现场吞噬受伤的组织碎片。

同时,肾上腺素刺激了脂肪细胞向血液中输送脂肪,来为这一系列的反应提供能量。马丁这时候并不需要这么多能量,他既不需要逃避猛兽的追捕,也不需要打赢强敌,他只是安静地坐在他的车里,而他的肝脏在将大量的脂肪转化为胆固醇。这些多余的胆固醇只能被行动中的血小板、巨噬细胞或动脉壁吸收。

---

① 译者注:一种免疫细胞,其主要功能是对细胞残片及病原体进行吞噬及消化,并激活淋巴球或其他免疫细胞,令其对病原体做出反应。

让我们来看看马丁接下来会发生什么。他会有更多诸如此类的面对极端危险状况时的身体反应,这些身体反应被他想象中自私凉薄的轿车司机唤醒,而司机本身可能并不是这样的人。每当类似事件发生时,他的冠状动脉就会再添"新伤",而那些由脂肪产生的非必要的胆固醇将会涌入他的巨噬细胞和平滑肌细胞,为它们的修复行动提供能量。

这些被胆固醇填充的细胞并不会自动消失,而是一直待在原地。随着时间流逝,它们会引起动脉硬化,堵塞流入冠状动脉的血流。直到有一天,这种场景再一次出现,可能就是马丁上班路上遇到了早高峰。而在这一天,这些被胆固醇填充的血细胞将完全堵上血管,形成一个结节,堵住流向心肌的血液,导致心肌因供血不足,受到损伤,甚至部分坏死。当这一切发生的时候,马丁就会像每年五十万其他美国人一样,心脏病发。

但这些都是几年以后的事情了,让我们先回到当下。在最终成功超车15分钟后,马丁安全回到了位于雷利市(Raleigh)郊区的家。他一进门就朝着自己的儿子们大吼,责骂他们不该把单车扔在家门口的路上。他的妻子假装没闻到他身上的烟味,想着晚些再提醒他,因为他答应过要戒烟。

马丁没有向妻子分享自己达成销售业绩的好消息,而是给自己倒了一杯苏格兰威士忌,五分钟就喝完了,然后又来了一杯。他渐渐平静了下来,晚饭吃了两份千层面,这才觉得好点儿了。到了晚上11点多的时候，马丁仍旧毫无睡意，他又跑去冰箱里找了一大份冰激淋来吃。他的妻子很快就睡着了，但他在床上翻来覆去很久才终于睡着。

上面的这个故事展示了20多年的科学研究成果，这些研究探讨了压力对疾病的影响。故事中所有的想法、感受、行为、身体反应、有害习惯（包括吸烟、喝酒、暴食）都在有敌意综合征的病人身上出现过，而这些特征会让人们有更高的遭遇威胁生命的重症疾病的风险。雷德福之前深度参与了这些有关敌意和健康的研究，因此，本章后面的部分将会呈现他和同事在杜克大学实验室及其他研究中心的研究过程及成果。

当然，如果你觉得科学研究太过枯燥，可以直接翻到后面，阅读这些研究的结果。

从A型人格开始

当我在1959年秋天进入哈佛大学的时候，我上了一门由乔治·戈瑟尔斯博士执教的新生研讨课——行为科学。我们的第一项作业是写一篇关于身心问题的论文。在过去的33年，我从大学毕业，进医学院，实习，规培，在美国国立精神卫生研究所接受科研训练，到成为杜克大学的教授，我觉得虽然自己的经历愈发丰富，但我仍在完成那份"第一项作业"

的路上。

1972年夏天，当我刚开始在杜克大学精神医学系（身心医学方向）担任教职的时候，身心医学领域最热门的方向是探讨A型人格和冠心病的关系。这个概念由迈耶·弗里德曼和雷·罗森曼两位来自旧金山心脏科的医生提出。A型人格有几个心理特征，比如做事火急火燎、容易被激怒、爱好争斗，且有雄心壮志。这两位医生发现在其冠心病患者中更容易出现这些特征。

基于在病人中对A型人格和冠心病关系的观察，弗里德曼和罗森曼从美国国家心肺和血液研究所申请到了经费，用以研究在3000名健康男性中，A型人格是否比非A型人格（下文称为B型人格）得冠心病的概率更高。在研究A型人格增加冠状动脉疾病的风险时，该研究排除了传统风险项（吸烟、高胆固醇、高血压）的干扰。这项研究被称为西部协作性团体研究，其超过8.5年的追踪研究结果显示，A型人格男性患冠心病的比例是B型人格男性的两倍。

毫无疑问，这两位研究者的研究成果具有极大的现实意义，很多人都知道承受太大的压力会危害我们的心脏健康。早在1000多年前，《使徒行传》中就记载了压力过大致死的故事：商人阿纳尼亚斯和他的妻子谎称捐出全部土地收益给耶稣的大弟子皮特及其门徒用以传教，背地里却私藏了部分收入。在被揭发后，即将面临严厉的谴责时，这对夫妻因压力过大,心脏骤停,当场死亡。

抛开民间智慧和20世纪前半段身心医学领域数量可观的研究成果不谈,弗里德曼和罗森曼作为先驱,发现A型人格增加了患冠状动脉疾病的风险,他们开创了心理学特质能预测疾病的先河。著名的弗雷明翰心脏研究证明,高胆固醇水平、吸烟、高血压是导致冠状动脉疾病的风险项,有这些特质的人更容易得心脏疾病。同样,西部协作性团体研究显示了单一的心理特质(A型人格)也能预测冠状动脉疾病。西部协作性团体研究在1970年初所发表的这项科研成果,将身心医学在科学界的名望提升至前所未有的高度。

这项研究成果引起了一大批年轻研究者的兴趣,这其中也包括我在内。当我还在医学院和美国国立精神卫生研究所时,我的研究就专注于压力对高血压的影响上。显而易见,当高血压病人在实验室承受了压力的时候,相比于其他病人,他们的血压会飙升。但并不能因此得出血压飙升足以导致高血压的结论,因为短时的血压飙升不一定会致病。

与血压飙升相对应的A型人格却并非如此。这项人格特质通过了流行病学的检验,包括一系列用来研究任何疾病致病因素的严格测试方法。最终结论是,该人格作为致病因素在此类疾病发生前就存在了,并持续影响这个疾病。

当我开始在杜克大学担任教职的时候,精神医学系主任埃瓦尔德·巴斯问我想做什么方向的研究。我激情洋溢地告诉他，我对 A 型人格的兴趣日益增长。巴斯博士问我知不知道这个领域最好的研究是谁做的。我将弗里德曼和罗森曼的西部协作性团体研究项目介绍给他，他立刻像一个称职的领导一样下了决定："我觉得我们得把其中一个请到杜克大学来，帮你开始这个领域的研究工作。"

于是，我给罗森曼教授打了个电话，告诉他我想做 A 型人格的研究，以及想要邀请他来杜克大学讨论一下合作的可能性，他立刻给出了肯定的答复。他的首次来访就坚定了我继续研究 A 型人格的决心。不久以后，美国国立精神卫生研究所提供了一笔经费资助我前往旧金山交流。在那里，弗里德曼和罗森曼传授了我结构化访谈的技巧。直至今日，结构化访谈已铸就了评估 A 型人格的黄金标准。

我学会了不能仅凭人们说的话来判断一个人是否有 A 型人格，重要的是观察他们是怎么说出这些话的。比如，当你问道："你做大部分事情的时候会匆匆忙忙吗？"如果受访者停顿了许久，最终回答："为什么……啊对……我可能……多数情况下……着急忙慌。"那么，虽然答案的内容是他承认自己是 A 型人格，但他说话不急不缓，沉稳有度，应该是 B 型人格。

相反地，如果受访者用匆忙、短促的节奏回答问题，比如："不是，我……不是，我做事不紧不慢，绝对的。"尽管他说自己是 B 型人格，但这个语调绝对是 A 型人格才有的。一旦你掌握了这个方法，就能很准确地判断受访者是不是 A 型人格。但是掌握这些方法需要经过一定的培训和有一定的临床经验，就像心脏科医生接受看心电图的训练一样。

我回到杜克大学的时候，仍需考虑的就是从哪里入手以及如何开始我的 A 型人格研究。弗里德曼和罗森曼提到，在对西部协作性团体研究中的死者进行尸检的时候，他们发现 A 型人格的男性比 B 型人格的男性存在更多动脉硬化的问题。那么，为什么不试着研究研究还活着的人呢？ A 型人格人群是不是比其他人群有更高的冠状动脉硬化发病率呢？

那会儿杜克大学附属医院的心内科医生每周都会做一些冠状动脉血管造影。所以，对需要做或做过血管造影的病人做 A 型人格访谈，就能得知 A 型人格的人是不是有更高的冠状动脉硬化风险。

这项研究的启动机会来得比预想中要更早一些。布卢门塔尔·吉姆是一名心理学博士研究生，刚好想做身心医学领域的博士课题。他很快就掌握了弗里德曼和罗森曼的结构化访谈法，并用来分析 A 型人格。他去了心脏科病房，对要做冠状动脉血管造影的 142 名病人做了 A 型人格访谈。

他的发现让我更加坚信一点，那就是 A 型人格必然会诱发及加剧冠心病。在最小程度血管堵塞的病人中，吉姆发现 A 型人格和 B 型人格占的比例是一样的；而在中度血管堵塞的病人中，超过 70% 的人是 A 型人格；在严重血管堵塞的病人中（这些人至少有两根冠状动脉被完全堵住，形成动脉硬化），超过90%的人是A型人格。

吉姆的文章发表在了知名心脏病学期刊《循环》上。至少还有两个研究组（一个来自哥伦比亚大学，另一个来自波士顿大学）得到了同样的发现：做过冠状动脉血管造影的病人中，A型人格的病人有更严重的冠状动脉硬化问题。

所有的研究指向了同一个结论，就像高胆固醇水平、高血压和吸烟一样，A型人格也是导致冠状动脉疾病的风险因素之一。这正是1978年美国国家心肺和血液研究所召集的一个蓝丝带小组①在其专家座谈会中得出的结论，这个小组专注于分析所有关于A型人格的行为和冠状动脉疾病的关联性的研究。

座谈会结束后不久，新的研究就对A型人格的假设提出了疑问。比如，有些关于做过冠状动脉血管造影的病人的研究，就没有证实吉姆的结论，即并未发现A型人格者有更严重的血管阻塞问题。

起初，我的直觉反应让我开始寻找这些研究的漏洞。它们有些用了问卷，而不是用作为"黄金标准"的结构化访谈来判断是否为A型人格，所以有点站不住脚。其他的分析则

---

① 译者注：在欧美国家，蓝色丝带通常被授予有名望、有成就之人，成立蓝丝带小组意味着该团体集结了某一领域数位有一定名望和成就的专家，他们将共同针对某一课题开展研究。

是病人数量太少，不具备得出A型人格和冠状动脉硬化存在相关性的结论的统计学前提。一时间，A型人格理论的拥护者能轻易驳回这些有缺陷的否定性研究，觉得这些不值一提。

然而，随着时间的流逝，我自己对A/B型人格分类法是不是造成冠状动脉疾病的最好分类方法产生了疑问。而下面3个发现加深了我的怀疑。

第一个发现是从我开展的研究中产生的。在1975年到1980年间，我们正在进行关于A型人格的访谈，并几乎收集了杜克大学做过冠状动脉血管造影的所有患者的相关心理学数据（包括明尼苏达多项人格调查表）。我们用时下的黄金标准确定A型人格，并分析了2300个病人的数据，确实发现了A型人格和冠状动脉硬化呈正相关。然而，这二者之间的相关性极弱，而且只存在于年轻的病人中。研究显示，A型人格和冠状动脉疾病是有关系的，但是并不像我预计的那样呈强相关性。

第二个动摇我信心的发现来自A型人格假设本身。这个假设是基于理查德·施科尔博士和他的同事进行的研究提出的，他们的研究跟踪了3000个健康但暴露在多个患冠状动脉疾病风险中的人，用结构化访谈分析他们是A型人格还是B型人格。该研究对这些人进行了长达7年的追踪，并发现A型人格人群中患冠状动脉疾病的概率没有增加。这项研究也沿用了作为黄金标准的访谈方法，并研究了足够多的样本，但依然没有发现A型人格能增加患冠状动脉疾病的风险。

第三个发现直接让我重新审视自己所做的研究。有人提出只有部分A型人格的行为是对心脏的健康不利的。在吉姆博士最初的研究中，除了进行了A型人格结构化访谈以外，他同样测试了A型人格的敌意水平，他觉得这个因素可能特别不利于健康。吉姆问了他在杜克大学的另一位导师——心理学家拉里·汤普森——如何测量敌意水平。

汤普森教授提议采用一些敌意量表，并且告诉吉姆，他有其中一个量表（即Ho量表）的复印件。Ho量表从明尼苏达多项人格调查表中挑出了有关敌意的50个问题，汤普森教授告诉吉姆，如果他想要的话可以直接拿去用。吉姆选择了最省事的方法，很顺利地让研究中的病人填写了Ho量表。当时的我们太执着于研究A型人格了，甚至忽略了Ho量表分数和严重的冠状动脉硬化存在正相关的发现。

我在思考那些和我们研究成果相违背的文献时，突然想到了这个早期的发现。那会儿我们已经让424个做过冠状动脉血管造影的病人填写了明尼苏达多项人格调查表。我们可以重新分析其中50题的Ho量表结果，看看更高的Ho量表分数是否和更严重的冠状动脉硬化呈现正相关。结果清晰明了：不仅Ho量表分数更高的人有更严重的冠状动脉硬化问题，相比于A型人格分数，Ho量表分数和冠状动脉硬化程度存在更显著的正相关。

是的，A型人格只是个开始。现在是时候将研究重心专注在探究敌意是怎么成为一个危害健康的人格特质的了。

幸好有个囤积癖

某些科研结果的出现好似冥冥中已注定。吉姆的博士课题选择Ho量表来研究敌意就是一个完完全全的偶然，就因为他的导师汤普森教授刚好有一摞复印好的Ho量表。在我们发表了文章讨论Ho量表分数高的病人冠状动脉硬化的概率更高之后，一些"美好的机缘巧合"开始展现出冥冥中的征兆。

第一个征兆是一封来自施科尔的信，在信里，他问怎么用明尼苏达多项人格调查表得到Ho量表分数。施科尔于20世纪50年代末收集了1800个在芝加哥西部电子厂工作的中年男性的明尼苏达多项人格调查表数据，他想看看他们的Ho量表分数能不能预测他们未来20年的健康情况。

第二个征兆是来自心理学家约翰·贝尔富特的一通电话。他有225个北加利福尼亚大学医学院学生的明尼苏达多项人格调查表数据，想要用这个做相关研究。而他的合作者是北加利福尼亚大学心理学教授格兰特·达尔斯通，即明尼苏达多项人格调查表的创始人之一。达尔斯通已经在北加利福尼亚大学给不同的学生组织做明尼苏达多项人格调查表几十年了。像施科尔那样，贝尔富特受到我们文章的启发，想看看Ho量表结果能怎么预测健康问题。

在这两项研究中，Ho量表的分数成功预测了上文中的芝加哥西部电子厂工人和北加利福尼亚大学医学院学生未来20年到25年的严重健康问题。25年之后，Ho量表分数高于平均分数的北加利福尼亚大学医学院的学生比那些Ho量表分数低于平均分数的学生得动脉疾病的概率高出了4到5倍，有些人甚至死于这些动脉疾病。同样，Ho量表分数高的西部电子厂工人得动脉疾病（或死于这些疾病）的概率比Ho量表分数低的工人高出了1.5倍。

虽然这两项研究的结果都具有统计学意义，但我们发现Ho量表分数对医学生死亡率的影响比对电子厂工人死亡率的影响更大。我们觉得这是因为电子厂工人的年纪更大，在研究时他们的平均年龄已经45岁了。在对医学生的研究中，那些50岁前去世的学生，死亡年龄大多小于45岁。在对电子厂工人的研究中，用了45岁的人群作为样本，也就没有考虑45岁之前死亡的人群。那些成功活到45岁的人的敌意情绪对自身健康的影响可能相对小些，这就解释了为什么西部电子厂工人的Ho量表分数和疾病相关性更低。

年龄越大，敌意对健康的影响越低。这个结论也适用于其他的风险因素，比如吸烟和高胆固醇水平。随着年龄的增加，这些因素也会越难预测健康情况。

另一个有趣的发现是，西部电子厂工人的Ho量表分数越高,死于癌症的可能性越大。然而,这个发现只呈现了较弱的相关性,暂未达到统计学意义上的显著相关。不过,这在一定程度上说明敌意不仅与致命的动脉疾病有关,还有可能会增加罹患癌症的概率。

达尔斯通教授有一个囤积癖,他留下了所有旧的明尼苏达多项人格调查表数据,而这些数据不断给他新的发现。20世纪60年代中期,即将入学的每一个北加利福尼亚大学学生在报到的时候都被要求做明尼苏达多项人格调查表。这些年,达尔斯通攒下了7000多名学生的明尼苏达多项人格调查表数据,而这些数据让杜克大学行为医学研究组的艾琳·西格勒博士开始了北加利福尼亚大学校友的心脏病研究,我们会在后文中介绍这些研究。

达尔斯通甚至保存了20世纪50年代118名北加利福尼亚大学法学院学生的明尼苏达多项人格调查表数据。当贝尔富特对这些数据开展研究后发现:25年后,Ho量表分数在前25%的高分段的法学院学生中,有将近五分之一没有活过50岁;而Ho量表分数在最后25%的低分段的法学院学生中,只有4%的学生没有活过50岁。

在关于法学院学生的研究中,我们从Ho量表中挑出了与恶意猜忌他人相关的问题和与时常感到生气相关的问题,以及关于将这些猜忌与怒火付诸行动的问题,然后只将这些问题作为确定最后Ho量表分数的准绳,研究其和高死亡率的相关性。我们将这些问题,和其他反映上述3个敌意标准的问题编撰成了你在第1章中看到的新Ho量表。

接下来让我们回到本章开头马丁的故事,来看看这些愤怒和敌意是怎么扰乱我们的日常生活的。首先,在马丁离开医院的时候,他有很多的理由感到心满意足。然而,当他在近郊公路上行驶时,他的"恶意猜忌"立刻将他自己放在了想象中的愚蠢轿车司机的对立面。当这个轿车司机没有试图超过缓慢行驶的卡车时,马丁觉得自己的想象是完全正确的,他瞬间就生气了,并且通过闪大灯来表达自己的愤怒。

也有些研究并没有发现敌意对健康问题有预测作用。其中一个和贝尔富特的研究很像,它是有关佐治亚大学医学生的研究。研究者爱德华·麦克兰尼和他的同事在这些医学生入学面试时评估了他们的Ho量表分数,但这些分数并没有预测他们的健康问题。这项研究的评审者从中发现了一个线索来解释这个现象:这些医学院申请者想在入学面试中表现自己,所以他们在做Ho量表时会表现出很强的亲和力,压抑心中的敌意。北加利福尼亚大学医学生的平均Ho量表分数高达16分,而佐治亚大学医学院申请者的平均Ho量表分数只有9分,这一现象证实了评审者的假设。

在明尼苏达的心理学家格洛丽亚·利昂和她的同事进行的另一项研究中,250个平均年龄在45岁到50岁的明尼苏达商人也做了明尼苏达多项人格调查表,这些商人的Ho量表分数也没能预测他们的健康情况。在这项研究中，不像佐治亚大学医学院的申请者那样，商人们都是如实作答的，所以这项研究的不同结论可能是由于样本容量小及样本年龄较大。

马西娅·戴维斯和她的同事研究了1000多名明尼苏达的研究生，这些研究生在20世纪50年代读本科的时候就做过明尼苏达多项人格调查表。在这项研究中，研究生不需要为了表现自我而刻意隐瞒真实的自己，他们的年龄也不大，样本容量够多，但他们的Ho量表分数也并没能预测其健康情况，所以我们必须正视这一不一样的发现。

综合所有的情况来看，大部分Ho量表的研究证实了敌意是一种危害健康的人格特质，但也有些研究发现，Ho量表分数和健康问题无关，这可能说明Ho量表可能不是敌意程度的决定性衡量方法。当回顾贝尔富特对北加利福尼亚大学医学院学生的研究时，我们发现只有一半的Ho量表问题能预测更高的死亡率，这一发现加重了我们的怀疑。

虽然如此，Ho量表确实反映了单一心理特质会导致健康问题。我们在后文会看到，更高的Ho量表分数和能潜在威胁健康的生物学特性及行为真的具有相关性。

除了Ho量表分数以外，其他研究也用了另外的手段来评估敌意水平，并发现敌意和冠状动脉硬化具有相关性，且敌意能预测心脏疾病和其他疾病的死亡率。例如，芬兰研究院用一个只有3个问题的敌意程度量表发现，量表分数高的人比量表分数低的人在未来一段时间内的死亡率高了4倍。

在敌意对健康有害这一点上，一系列其他研究的结果增强了我的信心。这些研究结果用了弗里德曼和罗森曼的Ａ型人格结构化问卷来评估敌意水平。本章早些时候我说过，我们得观察受访者的说话方式，而不仅是说话内容，来准确判断其是否匆忙、急迫。对于敌意程度的判断也是如此。举个例子，你问受访者："你生气的时候会表现出来吗？"如果答案是"当然不！你把我当什么人了？"，他的回答想表现自己并不是一个敌意程度高的人，他并没有说出他在生气，但是他的语气，他反问采访者的方式透露着蔑视，所以他应当被认为是个敌意水平较高的人。

相反，如果这个答案是："我觉得……我在生气的时候……可能会表现出来。"（此时的语调非常平缓）答案的内容是受访者认为自己可能是一个敌意程度高的人，但他说话的语调并不是，所以该受访者的敌意水平应当不高。

在早些时候，关于Ａ型人格的访谈内容都会被录下来，所以现在研究者能重新听这些录音来判断，这个受访者是否是Ａ型人格，这个受访者是否匆忙、迫切，以及其敌意程度如何。我们对弗里德曼和罗森曼的西部协作性团体研究项目的原始内容和多重危险因素干预试验研究中的内容重新进行了分析，在排除了其他风险项后，得出的结论显示，一个人的匆忙程度并不能预测他得心脏病的概率，而敌意水平是一个更可靠的"预言家"。

敌意程度对女性的健康问题也有如男性那么强的预测效果吗？大多数流行病学的研究专注于男性健康问题和其敌意水平的关联。由于女性得心脏疾病普遍比男性晚，有关她们的研究难度更大。但是，现有的少量研究却表明，在女性中也存在着同样的趋势。在多年的追踪研究中，敌意水平较高的女性冠状动脉硬化更严重，死亡率也更高。

尽管采访比问卷评估在发现敌意水平对健康的预示作用中具有更高的一致性，但是采访者在能独立上手前需要做大量的训练。而问卷更容易上手，特别是在大型的流行病研究中。要确定一个如敌意水平这样的负面因素对于心脏疾病和其他健康问题的影响，并使研究具有统计学意义，研究者需要追踪大量的研究对象。

像杜克大学的贝尔富特、美国国家老龄化研究所的保罗·科斯塔、犹他大学的蒂姆·史密斯、马里兰大学的阿伦·赛格曼都在努力研发用更可靠的方法来评估敌意水平的高低。

我相信，他们最终会取得成功。同时，我也相信，目前不同的评估方法得到的证据已证明：敌意是一种会危害身体健康的人格特质。

同时，我发现敌意也会危及我们的心理健康。敌意水平较高的人常常闷闷不乐。犹他大学的史密斯教授和他的同事发现 Ho 量表分数高的大学生接受的社会支持较少，遇到的麻烦和困难也就相对更多。

敌意程度高的人在婚后也会麻烦重重。史密斯教授指出，当夫妻产生分歧时，Ho量表分数高的夫妻会产生更多激烈的争吵。在另一项研究中，史密斯教授和他的同事发现敌意程度高的人在婚姻中的分歧更多，幸福感更弱（男人更是如此）。

大卫·梅斯的研究成果也得出了差不多的结论。梅斯是名婚姻治疗师，他和妻子薇拉创立了婚姻美满协会，来帮助夫妻拥有更美满的婚姻生活。他将无法管理愤怒情绪视为婚姻高开低走的一个重要因素。在梅斯看来，无法管理愤怒情绪会伤害夫妻间的亲密程度，要么分歧不断，要么貌合神离。

夫妻之间一旦吵起架来，很容易吵得不可开交。他们是彼此最亲密的人，总能找到对方的致命弱点进行攻击。吵架也让曾经相爱的两人或感到伤心欲绝，或感到怒火中烧。当争吵加剧，战火甚至能从家中鸡毛蒜皮的小事上升到人身攻击，甚至问候对方的父母。

梅斯夫妇认为，在这些糟心的争吵发生几个月甚至几年后，伴侣会对亲密行为感到恐惧。届时，他们会认为亲密行为将暴露更多的脆弱面，这些可能会在未来的争吵中变成对方攻击的靶子。最终，夫妻双方停止了争吵，平静下来，但他们的亲密行为越来越少，爱也越来越少。

另外一些单方或双方敌意水平较高的伴侣，他们的婚姻可能有不一样的问题。在这些婚姻中，一方或许从未表达生气的情绪，逆来顺受，早已放弃了沟通；而另一方却粗暴强势地骑在伴侣头上，固执己见。此刻，信任不复存在，夫妻双方也不再谈心，更不敢暴露自己的脆弱面。哪怕这些夫妻没有很多冲突，他们的婚姻也早已变了味。

敌意不仅会影响个体、伴侣，还会影响其家人的心理健康。史密斯团队的另一项研究表明，敌意程度高的人常会和家人起冲突，家人也很少支持他们。

敌意水平较高的人无法给家人提供好的人际支持，他们更容易因为一些日常琐事而迁怒于自己的孩子。众所周知，对儿童进行身体虐待会产生恶劣影响，同时，很多研究也显示，辱骂等不那么明显的虐待形式也会给儿童造成恶劣影响。

敌意也会给工作带来麻烦。一项对某财务管理公司的75名员工（平均年龄为40岁）的调查发现，敌意水平较高的人在工作方面的压力更大，工作满足感更低，对职场关系的评价也更负面。

而另一项对堪萨斯州劳伦斯市的中产阶级职场女性的调查发现，敌意水平高的女性工作压力更大，在工作中更容易感到紧张。她们时常感受到工作和家庭间的角色冲突，觉得自己不受重用。

那么敌意水平较高的人能在工作中有所成就吗？敌意水平较高的人通常更有责任感，单兵作战能力强。不过，一旦他们到达中层管理岗位，需要处理更为复杂的工作和人际关系时，他们往往就会面临更广泛、更复杂的挑战，比如招募、激励和培养其他人。

然而，敌意水平较高的人往往不相信别人的工作能力强，这就等于给自己挖了一道无法跨越的沟壑。一方面，工作太多了，一个人做不完；而另一方面，敌意水平高的人攻击性太强，待人粗鲁，他们的下属往往忍受不了这些，从而无法专心工作，进而无法全身心投入工作目标。

这就是为什么中层领导者中充斥着不称职的高敌意水平的人，而高管中敌意程度不高的人更多，他们更懂得激励、驱动他人，这种能力让他们脱颖而出，成为高管。

弗里德曼率先提出了 A 型人格这个概念。在过去的 8 年中，他采访了 106 位来自美国各个领域的领军人物。在这些人中，A 型人格比 B 型人格的人更多，这个结论值得我们进一步分析。（见第 64 页表格）

弗里德曼觉得 B 型人格很有优势。他觉得在人群中，A 型人格的男人比 B 型人格的男人多，在城市人口中，大概四分之三的男人都是 A 型人格。但 A 型人格包括急性子和敌意强烈的人，有些 A 型人格的人可能只是做事着急，敌意水平未必很高。

总而言之，结论非常明确：我们只有管理好自己的敌意，才能收获美满的婚姻、家庭和工作。

在充分考虑了敌意水平高的人群的社会、生物及行为机制后，我更加确信敌意这种人格特质会危害我们的健康。

领导者类型	人数	A型人格类行为	B型人格类行为
1. 大学校长	11	6（55%）	5（45%）
2. 银行行长	5	3（60%）	2（40%）
3. 公司董事长	30	21（70%）	9（30%）
4. 将军、上将	11	6（55%）	5（45%）
5. 大主教、主教、拉比	4	2（50%）	2（50%）
6. 新闻记者、出版商	22	16（73%）	6（27%）
7. 诺贝尔奖得主	11	6（55%）	5（45%）
8. 国会议员、参议员	7	3（43%）	4（57%）
9. 联邦法官	5	2（40%）	3（60%）
合计	106	65（61%）	41（39%）

与世隔绝也伤人

像马丁这样敌意程度高的人不是永远都消极被动的。他们也常常主动影响遇到的人，让别人的行为符合自己对他人悲观消极的预设。

这种行为常常会让他们自己更加生气，因而他们更容易感受到来自社会环境的压力。如果马丁当时没有如此冲动地向轿车司机狂闪大灯，可能轿车司机就会慢下来让马丁加塞进车道。换句话说，马丁的悲观预设让他怒火中烧，而这些怒气导致了轿车司机并不会善待马丁这一结果。

在敌意程度高的人群中，悲观的想法和激进的行为往往让他们得不到有效的社会支持，而这些支持恰恰能减轻敌意造成的伤害。马丁生气的脸和对待儿子的粗暴态度，让他的妻子不敢安慰他，也就无法帮助他排解压力。他的妻子也不敢多说一句让他戒烟的话，也就无法阻止吸烟对他的身体造成的危害。显而易见，敌意程度高的人会觉得与他人的交流和接触总是不令人满意。

许多研究表明，失去社会支持会危害健康。乔治·卡普兰教授和他的同事连续几年追踪几千名来自加州阿拉米达市的健康居民。在这些居民中，社会关系更少的人通常会比社会关系丰富的人有更高的死亡率。我在杜克大学的同事丹西·布莱泽在北卡罗来纳州达勒姆县的调查中也发现，拥有令人满意的社交的老人通常更长寿。哪怕跟宠物接触也有益健康：与独居的心脏病人相比，有宠物陪伴的病人在康复的过程中并发症更少。

我们和杜克大学研究心脏病学的同事一起，在20世纪70年代末分析了1300多名病人，研究社会关系对他们存活率的影响。有些未婚的病人，他们的顾虑无人倾诉，近一半的人在5年之内去世了。而与此相反，已婚的人，或有倾诉对象的人，只有17%在5年之内不幸离世。这体现了社交隔离对心脏病人的存活率有重大影响，而这些影响不能简单地用病人的心脏情况解释。缺乏社交会增加所有病人的死亡风险。

社交隔离更容易发生在敌意水平较高的人身上，而缺乏社会支持让他们更容易生病。还有一个可能性是缺乏社交的人往往生活习惯不好，比如马丁的妻子都不敢提醒他坚持戒烟。如果一直没人提醒，社交隔离的人群可能不太注意及时进行医疗护理，甚至忘了吃药。

社交隔离导致的压力体现出的危害也会呈现在生物学体征中。心理学家安德鲁·鲍姆在宾州调查了住在核反应设施3公里内的人群，这个设施在1979年发生过事故，其中社会支持少的人的尿液中的压力激素更多。与之相反的是，有倾诉对象来分享顾虑的人尿液中的压力激素较少。另一名心理学家詹姆斯·彭尼贝克发现，有机会和别人聊聊生活压力的人，其血压会下降不少。

疾病和死亡往往会有生物学功能的改变作为征兆。而问题在于：是这些敌意程度高的人群的生物学特质导致了他们的健康问题吗？

物竞天择，适者生存

灵长类动物存在了至少200万年了。在人类历史的绝大多数时间里，让身体迅速进入战斗或逃跑状态的能力会提高生物的生存和繁衍概率。这种发展完备的能力主导着生物的新陈代谢和其他生理机能。马丁的故事详细地描述了生物在战斗或逃跑的紧张状态下，身体是如何变化以应对外界的真正威胁的。但在现代社会中，这些威胁鲜有发生。但马丁和其他同类很容易就能感受到外界威胁，并立刻切换到紧张状态，在现代社会的环境下，这很容易危害他们的健康。敌意水平高的人群在并没有面对真正的威胁的情况下，因为有太多不必要的紧张状态，往往会出现更高的死亡率。

刚开始研究压力对心脏疾病的影响的生物学机理时，很多研究的关注点都在A型人格和B型人格对不同压力因子（心算或者电子游戏）的生物学反应上。1982年，我和我的同事们在《科学》杂志中发表了一项研究结果，和B型人格相比，A型人格在心算比赛时，肌肉中的血流速度会加快（预示切换到了"战斗或逃跑反应状态"），同样的压力激素（肾上腺素、去甲肾上腺素和皮质醇）也会增加。

这种现象表明，A型人格对压力的生理反应更强烈，这或许可以解释为什么A型人格者的冠状动脉健康风险更高。这一现象一开始让我们十分兴奋。那时，我对与敌意相关的身体反应非常感兴趣，但我发现Ho量表的结果和心算导致的身体反应并无关联。

意识到心算可能没办法激起敌意程度高的人群的愤怒情绪，我们立刻进行了另一项研究，当Ho量表得分高的敌意程度高的人群正在做别的事的时候，一个实验室人员令人讨厌地打断了他们两次。这些敌意程度高的人群在被打断的时候，愤怒程度更高，同时肌肉血流速度加快，但Ho量表分数和身体反应依然没有呈现相关性。

在这项部分成功的研究之后，我们发现了敌意程度高的人群中压力导致的生理反应，但这种反应只存在于他们感到生气的时候。心理学家爱德·苏亚雷斯在跟着我做博士后的时候构思了这项研究。他想了一种方法来激怒Ho量表分数不同的人群，这种方法比之前提过的更实在、更靠谱。

假设你是苏亚雷斯的研究对象，当你进入实验室后，实验人员便开始描述后面会发生什么。然后一个研究助理进来，用粗鲁生硬的态度对实验人员说了一些话。"他肯定有起床气。"研究助理说话的方式让你这么觉得。

之后，你身上挂上了检测血压和心率的设备，开始做"精神压力"测试，可能是一些算数问题，答得最好的人有奖。但是每过大概两分钟，同一个研究助理都会用内部通话系统说：倒计时×分钟。一切进展得都很顺利，但是有几次研究助理批评了你的表现："别嘟哝。我都不知道你在说什么！"

这就是受试者在苏亚雷斯的实验中被"激怒"的过程。如果你在实验中进了"不被激怒"的对照组，那个研究助理只会在开始的时候说一些不那么愉快的话，并且只在研究中，每两分钟播报一次倒计时。

你感觉如何？虽然这只是一个实验室研究，但你之前有没有在超市排队时，在路上，在办公室中，甚至在自己的亲友圈子里遇到过如此粗鲁的人？你是不是同样会感到惊讶、烦躁、生气、害怕或者是有其他感受？

苏亚雷斯的研究中受试者的感觉是真实的。因为刚开始的"小小刺激"会让大部分人觉得令人讨厌的研究助理是真实存在的，而不是实验设计。我们在实验结束后告诉每个人，研究助理那些恶毒的话不是针对他们的，而是按照实验需要设计好的。那些参加苏亚雷斯研究的人表示能理解，因为如果研究者要研究锻炼的生理效应，那么他们就得让受试者在跑步机上跑一跑；同样地，如果研究者要研究生气的生理效应，那么他们就要想办法让受试者真正感到生气。

苏亚雷斯巧妙的骗术起了作用。当Ho量表分数高的男性在实验任务中被激怒，他们比分数低的男性要感到更愤怒。

另外，他们的血压，流向肌肉的血液，他们的压力激素（在另一项研究中表明）也会相应增高。

在这项研究中苏亚雷斯也发现，随着生气程度增强，血压、肌肉血流量也跟着增高这一现象只在 Ho 量表得分较高的男性中出现。在 Ho 量表得分较低的男性中，愤怒程度和身体反应看上去并无关联。这是一项重要的发现，因为它说明愤怒只有在敌意程度高的人群中是一剂毒药。就像盐能让高血压病人的血压进一步升高，但是对于健康人群并无类似作用一样。生气能让敌意程度高的人群的血压进一步升高，但对敌意程度不高的人群就没有类似效果。

其他的研究中也有类似发现。例如，加州大学洛杉矶分校的大卫·夏皮罗博士和他的同事们研究了救护车上急救员的压力水平。Ho 量表得分高的急救员在和急救室相关人员争执时，血压会升高更多。

愤怒情绪和生理过激反应的紧密联系解释了为什么敌意程度高的人群有更多的健康问题。它同样表明敌意程度高的人群想要避免此类健康问题，就需要学会控制他或她的怒意。

这里用了"他或她"，因为苏亚雷斯同样对 Ho 量表不同分值的女性做了研究，发现 Ho 量表分值更高的女性受到激怒后的身体反应也更强烈。在这项研究中，苏亚雷斯发现，如果女性在吃避孕药，不论 Ho 量表分值高低，其身体反应都非常强烈。这些结果说明口服避孕药会抵消情绪稳定给女性带来的好处（如果在更多样本上观察到一致性的话）。但苏亚雷斯团队刚开始只研究了少数女性，现在他们开始了一项长达5年的样本范围更广的研究，来深入理解敌意的生物学机理，特别是女性吃避孕药这一行为如何影响这些机理。

我们也发现，除了在实验室中，当Ho量表分数高的人在日常生活中受到激怒时，他们也会产生相应的身体反应。所以，在一天中，Ho量表分数高的人尿液中增加的肾上腺素更多。而且，白天越生气，肾上腺素增加得就越多。

另一个有关于敌意生物学机理的研究表明，敌意会加重另一个重要风险因素——血液中胆固醇的影响。敌意程度较高的人胆固醇水平也更高。在Ho量表分数高的中年男性中，血液中胆固醇水平高的人在受到压力时分泌了更多的肾上腺素。与之不同的是，面对压力时，在Ho量表分数低的人的血液中，胆固醇水平越高，肾上腺素分泌越少。

高胆固醇水平的敌意程度高的人群更容易在承受压力时分泌大量的肾上腺素，而他们冠状动脉硬化的概率更高；敌意程度低的人群哪怕有较高的胆固醇水平，他们受到压力时分泌的肾上腺素也较少，由此降低了他们冠状动脉硬化的概率。

我们很难证明在敌意程度高的人群中，高胆固醇水平和大量肾上腺素的分泌，最终加剧了冠状动脉硬化的发展。为了证明这一点，我们需要观察一段时间，收集大量心脏病患者的样本，并对他们进行压力测试，来测量相应的肾上腺素反应和胆固醇水平。然后，我们需要跟踪他们5到10年去确认高胆固醇水平和高肾上腺素分泌最有可能导致心脏疾病。

一条测量高胆固醇/肾上腺素分泌综合效应的捷径是研究动脉硬化的动物。实验室小白鼠哪怕胆固醇水平很高，也很少动脉硬化。而埃及沙鼠只吃素食，当研究者在食物中加入5%的胆固醇时，它们的动脉硬化非常严重。当它们连续6到8个月每餐均摄入含有5%胆固醇的食物时，这些老鼠就会出现动脉硬化损伤。

在第二项研究中，我们在沙鼠的皮下给药，保持沙鼠血液中的去甲肾上腺素水平稳定，并同样在每餐的食物中加入5%的胆固醇。2个月后，沙鼠就出现了动脉硬化损伤。

这些研究在沙鼠群体中证明了我们的猜想，敌意程度高的人群表现出来的高胆固醇和高压力激素结合在一起，能加速动脉壁上的动脉硬化损伤。

肾上腺素和去甲肾上腺素的已知效果是能加剧动脉硬化的发展。第一，它们会让血压升高、心跳加快，这些会使动脉内壁变得脆弱。第二，这些压力激素让脂肪细胞向血流中释放脂肪，如果这些脂肪没有通过大量锻炼消耗掉，它们就会通过肝脏转化为胆固醇，因而让血液中的胆固醇更多，发展成动脉硬化。第三，肾上腺素和去甲肾上腺素让血液中的血小板变得更加黏稠，刺激它们粘在动脉壁中受到损伤的部位，释放化学物质，让动脉硬化加重。压力激素显然也有其他的作用，还有许多亟待发现，但这些足以说明压力激素能扰乱敌意程度高的人群的身体机能。

敌意程度高的人群至少有两个能危害健康的生物学特质：一个脆弱的副交感神经系统和一个脆弱的免疫系统。

交感神经系统是肾上腺素和去甲肾上腺素在紧急情况下分泌的源头，而副交感神经系统一般具有舒缓作用。副交感神经系统被激活时，会释放乙酰胆碱进入所有它们能进入的器官。当乙酰胆碱进入四肢百骸，它能阻止肾上腺素起作用，让心跳放缓。大多数器官（比如心脏和动脉）在紧急情况下会接收来自交感神经和副交感神经的指令，而副交感神经起到了刹车作用，弱化了交感神经产生的生理变化。

在过去十年日本仙台的东北大学医学部的一系列研究中，我们发现了 A 型人格的人，特别是 Ho 量表分数高的那些，副交感神经的反应相对较弱一些。通过激活神经反射，我们能研究神经系统的反应是否正常。膝跳反射就是一个例子，你可能在大多数体检中都经历过膝跳反射的测试。当与膝盖连接的肌腱被轻拍一下，它刺激了通向脊髓的感官神经，并进一步激活通向腿部肌肉的运动神经，腿就快速向上"弹跳"一下。

同样的反射也会激活副交感神经：把冰袋放在脸的上半部分刺激通往大脑的感官神经，从而激发迷走神经（副交感神经的一种）在心脏中释放乙酰胆碱，心跳因而变慢。当我们对A型人格的人进行这一反射测试时，同B型人格的人一样，他们的心跳一开始也变慢了。但两分钟之后，差别开始出现，B型人格的人心跳进一步放缓，而A型人格的人心跳开始加快，这说明A型人格的人的副交感神经作用较弱。

像之前说的那样，副交感神经系统能中和交感神经对心脏的作用，减缓动脉疾病的发展，而敌意程度高的人群的副交感神经较弱，他们患心脏疾病的风险也相应较高。

最终，研究者也开始发现敌意程度高的人群免疫系统较弱的证据。在我们之前说过的对西部电子厂工人的研究中，Ho量表分数高的男性工人患心脏疾病或者患癌症死亡的概率更高。尽管我们并不知道引起癌症的全部因素，但免疫系统显然对预防癌症起了很大作用。免疫系统中的自然杀伤细胞[①]能杀死癌细胞。许多癌症研究者认为，自然杀伤细胞能监测刚形成的癌细胞，并杀死它们，防患于未然。

很有意思的是，科罗拉多大学的研究者发现，在压力测试中，Ho量表分数高的医学生免疫系统中的自然杀伤细胞比对照组更少。尽管我们不知道其机理和成因，但我们推测，这一现象很有可能是因为交感神经的过度激活压迫了Ho量表分数高的人群的免疫系统。

总而言之，敌意程度高的人群的神经系统比敌意程度不高的人群的显得更奇怪。一点点小小的刺激就能激活敌意程

[①] 该细胞是人体重要的免疫细胞，与抗肿瘤、抗病毒感染和免疫调节有关。

度高的人群的交感神经系统,而敌意程度不高的人群的钝感力更强,激活交感神经的门槛更高:哪怕他们的交感神经系统反应强烈,强大的副交感神经系统也能快速干预,起到刹车作用。而对敌意程度高的人群来说,强大的交感神经系统和较弱的副交感神经系统导致了他们的心血管过度激活,血液中胆固醇过多,血小板过度聚集,免疫系统较弱,及其他导致高死亡率的病理学反应。

我在前文说过,如果我们生活在200万年以前,这些身体反应是很有必要的。考虑到我们大多数人正生活在和平年代,并不会时常经历威胁生命的紧急情况,这些非必要的过度反应可以逐步从我们的基因库中剔除出去。200万年前神经系统的过度反应是非理性的,我们可以试着在训练中习得一些钝感力,以降低愤怒和敌意对身心健康造成的伤害。

在讨论具体的做法之前,我们需要看一些其他关于敌意程度高的人群的信息。

我们连自己都照顾不好

早年的研究显示,Ho量表分数高的人群不仅有更多的健康问题,还常常抽烟喝酒,将自己暴露在危害身体的风险中。这些行为可能不是导致健康问题的所有原因,但必有关联。研究者开始仔细观察敌意程度高的人群和敌意程度不高的人群的健康习惯，发现敌意程度的增加确实能危害健康。

我之前在敌意会危害健康的流行病学证据中描述过，Ho量表是从被更广泛应用的明尼苏达多项人格调查表发展来的，所以明尼苏达多项人格调查表的数据都是很好的研究素材。这些过去的原始数据给我们的研究节省了大量时间。目前最大的研究样本来自20世纪80年代开始的杜克大学和北加利福尼亚大学的合作研究。

在艾琳·西格勒博士的指导下，北加利福尼亚大学心脏研究中心搜集了25年前北加利福尼亚大学的学生在新生入学时填写的明尼苏达多项人格调查表的数据。有囤积癖的达尔斯通将这些原始数据都完整保留了下来。而这些北加利福尼亚大学校友每年都在研究中心的追踪下报告自己的健康状况和生活习惯。

尽管这些校友对于心脏病的研究来说有些年轻，但研究者还是能从中发现一些端倪。读书时Ho量表分数高的那些毕业生，往往有不良的生活习惯。和他们的同学相比，这些人现在更有可能抽烟、喝酒，身材肥胖，胆固醇水平高，每天摄入大量咖啡因。在对这些原始数据的进一步分析中，贝尔富特发现，大学时的Ho量表高分，预测了毕业生中年时戒烟失败的概率高，甚至预测了他们中年时将会有更多的不良生活习惯。

拉里·施维茨博士和他的同事也在另一项研究中发现

了Ho量表高分和不良生活习惯的相关性。这项大型研究对18~30岁的男性和女性进行了生活中风险因素的记录，及Ho量表分析。研究表明Ho量表分数高的人更有可能抽烟，但不一定会肥胖或胆固醇水平高。他们确实吃得更多，但Ho量表分数排名前25%的受试者比Ho量表分数排名后25%的受试者每天平均多摄入600卡路里。这些人普遍比上一项研究中的北加利福尼亚大学校友年轻，所以他们暴饮暴食的习惯还暂时没有影响体重及胆固醇水平，一旦他们如北加利福尼亚大学校友那样人到中年，可能就会呈现不同的结果。

敌意综合征的神经化学基础

之前我描述了几个Ho量表分数高的人群的行为特质和生物学特征。Ho量表分数高的人易怒，容易有过激行为。他们暴饮暴食、吸烟喝酒。他们更容易有交感神经的过度反应和副交感神经的弱化反应。我把这些Ho量表分数高的人表现出来的特征叫作敌意综合征。"综合征"这个词更容易理解，因为这些特征都来自同一个因素。

显而易见，现有的研究还不足以确定这个成因。父母和长辈对待孩子的方式会对孩子是否经常产生悲观预设，产生怒气和过激行为，是否最终成为一个敌意程度高的人起到重要作用，也就是说，养育方式对一个人的敌意人格的生成是否具有极其重要的影响。然而，有关同卵双生子的研究显示，先天因素——基因对大脑功能的影响，对于成人的人格（包括敌意水平的高低）有着同等重要的影响力。

最终，大脑功能决定了所有的行为，而大脑功能是由神经递质的化学物质决定的。单一神经递质的高低程度会影响许多构成敌意综合征的特质。这个神经化学基础决定了敌意综合征是一系列神经递质作用的结果，而这个作用可能是由遗传基因决定的。

许多证据指向了一个事实：单一神经递质可能是造成敌意综合征的因素。下表的第一列是敌意综合征的特征，第二列总结了各个领域（多数在生物神经病学）的研究中发现的证据，表明这些特征是大脑神经递质血清素不足造成的。研究者同样发现，有过激行为的人的大脑和脊髓液中血清素分解产物较少，这表明血清素功能和过激行为存在关联。

敌意综合征的特征及低血清素水平的影响	
敌意综合征的特征	低血清素水平的影响
易怒，攻击性强	攻击行为增加
交感神经系统活跃	交感神经系统的活动增加
副交感神经系统抑制	副交感神经系统的活动减少
抽烟增加	抽烟的快感可能增强，尼古丁等有害物质积累
饮食增加，体重增加	进食的快感可能增强
酒精摄入量增加	饮酒的快感可能增强

对其他的动物的研究也显示，血清素功能增强会减弱交感神经系统输出的信号强度，增加副交感神经系统输出的信号强度；反之，血清素功能减弱对应着较强的交感神经输出信号和较弱的副交感神经输出信号，而这些恰好是敌意程度高的人群的生理特质。乔治敦大学的心理学家理查德·维里尔喂给猫色氨酸[①]，使得猫的大脑中的血清素水平上升，结果表明，提高大脑血清素水平会使通往心脏的交感神经的放电速率下降。

动物和人体实验都表明：大脑血清素水平上升能让人吃得更少，体重降低；而血清素水平降低会让人吃得更多，体重增加。这一关联解释了前面的一些研究：Ho量表分数高的人群会倾向于暴饮暴食，导致其体重增加，并随着年龄的增长，具有更高的胆固醇水平。

许多证据显示，哪怕是吃东西本身也能向大脑中释放血清素。如果情况确实如此，那么这就能解释马丁在开车回家后为什么会暴饮暴食。他是为了让自己平静下来，向大脑释放了血清素。

尼古丁的"犒赏效应"[②]也和尼古丁刺激了大脑中的特定血清素受体有关。通过摄入色氨酸来提高大脑血清素水平，能帮助戒烟人群戒烟。邦尼·斯普林医生发现，对戒烟者注

---

① 译者注：该色氨酸是人体必需的氨基酸之一，亦是血清素的受体，有调节情绪、改善睡眠的功效。
② 译者注：该效应为一种正性强化效应，是一种由成瘾物质或期望行为等带来愉悦、欣快等积极体验的脑部奖励机制。

射能提高大脑血清素水平的药物，能帮助他们减重。如果大脑血清素水平较低，戒烟难度就会更大，要么容易复吸，要么会有一系列的副作用，比如体重增加。北加利福尼亚大学心脏研究中心的Ho量表分数高的受试者的体重往往更高，同样，Ho量表分数高的烟民戒烟难度更大，因为他们大脑中的血清素水平较低。

最终，研究者发现酗酒者的大脑和脊髓液中血清素分解产物数量减少，这表明大脑血清素功能减弱会使酗酒者倾向于喝更多的酒。研究者向一群有更多饮酒基因的老鼠注射了百忧解，这种药物能提高血清素水平，结果是，这些老鼠喝酒少了，饮水量却没什么变化。Ho量表分数高的人群的饮酒量，就像他们的饮食和吸烟行为那样，也是由大脑血清素水平影响的吗？

虽然目前只有间接证据，但它们一致表明，大脑中较低水平的血清素是敌意综合征所有特征的生物学解释。甚至有一天我们会提出，敌意程度高的人就是得了"血清素缺乏紊乱症"。这个假设还需要更多的证据来证实。越来越多的新药被研发，用来提高大脑中的血清素水平，这个假设一旦被证实，就能帮助我们理解敌意综合征的生物学基础，以及它损害健康的方式。这样一来，我们就能想办法进行预防，并对敌意程度高的人群进行治疗。

在电影《意外的人生》中，亨利治愈敌意的特效药是"大脑突然中弹"，但这种情况毕竟少见。血清素更有可能发展成为真正副作用小、效果好的"脑中子弹"，来降低我们的敌意程度。

如果现在的研究表明敌意综合征的核心是下降的血清素，那么我们可能会对敌意程度高的人群多一点包容。敌意并不是他们刻意为之，这是存在于他们神经化学结构中的，我们不应该责备他们。

确定敌意综合征的神经化学基础，并用这些知识来研发药物，可能是未来治疗敌意综合征的方法。而当下，就像我们将在接下来的内容中看到的那样，已经有了有效的行为矫正方法来减弱敌意和愤怒，进而提升我们的健康水平。我们的基因可能决定了我们是否更容易生气，但这并不能阻碍我们做些改变去削弱它对健康的影响，而这些改变也不仅仅是吃药带来的。

尽管在未来会有更多的特效药面世，我们也想要把它和行为矫正方法结合使用。我们清楚地认识到，特效药能帮助人戒烟，但如果佐之以行为矫正方法，治疗将变得更加有效。

所以你需要知道，行为矫正方法组成了这本书的大部分内容，如果没有这些方法，我也不确定特效药是不是足够保护你不受怒意的伤害。另外，行为矫正方法真的很有效。

减少敌意会改善健康吗

心脏病医生和相关学者正努力使病人少暴露在传统的风险因素中，这些因素包括抽烟、高胆固醇水平和高血压。降低风险因素能有效预防疾病。

我们有足够的证据相信，传统风险因素会危害健康，与此相比，敌意综合征对健康的影响显得有些证据不足。尽管如此，你依然有理由去改变充满敌意的行为和态度：

√大多数证据表明，敌意程度高的人社会支持不多，常有过激反应，生活习惯不好，有更高的概率得心血管疾病（和其他疾病）。

√降低敌意程度对你没有什么伤害。

√研究表明行为矫正疗法有助于降低敌意程度，帮助我们优化社会关系，提高健康水平。

弗里德曼的研究除了展示了 A 型人格能增加冠状动脉硬化的风险，也是一项关于预防冠状动脉疾病复发的研究。在这项研究中，弗里德曼和他的同事研究了 1000 个最近得过心脏病的患者，对其中的三分之二进行 A 型人格的行为治疗，以降低他们的敌意和愤怒水平。另外三分之一的受试者只从心脏病医生那里得到基本的护理。4 年之后，进行过行为治疗的人心脏病复发率更低，也少有其他的心脏问题。

不久，德安·奥尼什博士也完成了一项具有显著结果的研究，得出了相似结论。他研究了41个因冠状动脉堵塞而肌肉失血的病人。这些病人被随机分配到了治疗组和对照组。治疗组对病人进行了全面的治疗，包括提供低脂食物，进行锻炼和瑜伽放松训练，以及能提升抗压能力的团体训练，而对照组只有基本的心脏护理。在没有药物或者手术的情况下，治疗组的22个病人动脉损伤降低，心肌功能变得更完善。除了食疗、冥想和锻炼带来的好处以外，奥尼什认为病人在团体中获得了社会支持，应对压力的能力增强，这是治疗取得成功的核心因素。

还有其他的研究也支持这个结论。蒙特利尔的南希·弗雷热·史密斯博士对心脏病患者进行的研究，同样区分了对照组和治疗组。对照组只接受了常规护理，而治疗组每周都会和护士连线，护士会询问病人最近的情况，一旦病人说自己有问题，护士就会上门帮他们解决困难。那些接受社会关怀的病人的死亡率和心脏病复发率都降低了。

这个结果让我回忆起了在杜克大学的研究：未婚的心脏病人无人倾诉，死亡率非常高。有伴侣或者倾诉对象对提高存活率也起了相同的作用。如同潘尼贝克发现的那样，有机会和另一个人分享自己的忧虑有一系列益处。

斯坦福大学的大卫·施皮格尔博士的研究也非常鼓舞人

心。他的意图本是驳斥一些认为"心态积极能提高癌症存活率"的新兴理论。施皮格尔将参加实验的乳腺癌晚期女性随机分配到对照组（常规护理）和实验组（常规护理加上病患支持）。实验组病患在安全温馨的环境下讨论他们面临的问题。施皮格尔的预设是，这些支持能让病人心情愉悦，但对他们的生存率并无影响。但和他预料的不同，受到支持的病人平均存活了18个月，而对照组只平均存活了9个月。

总而言之，这些研究证明，控制你的敌意和愤怒，和他人建立连接，都能提升你的健康水平。

写在本章最后

你刚刚上完了一堂关于敌意的速成课，以下是本课程的要点：

1. 敌意程度高的人（那些悲观厌世、容易生气、行为过激的人）患病的风险更高，这些病甚至会严重到危害生命。

2. 敌意程度高的人会把别人推开，不接受他人的帮助，他们会和生活中经常联系的人渐行渐远，无法有效利用社会支持来缓解压力，提升健康水平。

3. 他们会迅速进入应激状态，因为他们的副交感神经系统功能较弱，不能安抚那些过激反应。因此，他们会遇到很多健康问题。

4. 敌意程度高的人更容易将自己暴露在威胁健康的风险因素当中，比如暴饮暴食、吸烟喝酒。

5. 未来我们可能会对敌意综合征的基因和神经化学基础有更深入的了解，方向集中在对大脑的血清素系统的研究中。目前，我们可以用行为矫正方法减轻敌意给健康带来的危害。

如果在第1章中你的自我评估显示，你的敌意程度高到可能危害你的健康和人际关系，如果你相信本章中我描述的科学证据，那么在接下来的章节中，我们一起来看看有哪些是我们可以一起做的，以便消除敌意给健康带来的不良影响。

第三部分

缓解敌意的技巧

霍华德总是需要好几天才能平复心情。

太好了，你还在读这本书。这意味着你或许觉知到了自己的愤怒和敌意问题，并且重新审视自己的行为，开始思考应该如何应对环境压力。态度的转变本身就是个好兆头，往往能保护我们免受疾病侵扰。一般来说，那些相信自己能适应环境、将生活中的挫折视为挑战、全情生活的人会比没有这些品质的人更健康。

我们有很多策略来克服敌意。对于每一个策略，我们会用单独的一章来讲述。

接下来的两套策略能帮助你摆脱刺激你的人或环境因素，从而达到控制敌意的目的。在第 3 章中，你的思考会告诉你，那些能让你怒火中烧的环境对你并不是个重要的威胁。在第 4 章到第 7 章中，运用转移策略，你能迅速感知到那些刺激你发怒的因素。如果你能消除这些刺激因素，或者抑制自己的冲动，那么，你就能避免一系列的生理反应，自身的心血管系统也将不会受到过度的刺激。

当然，我们免不了会受到不公正的对待，那确实需要采取行动来对抗。所以到了第8章中,当明确了自己需要生气时,你依然有方法可以采取合理有效的行动。

另一套策略是自我成长而非重塑环境。第9章到第16章告诉你,当你开始友好地结交他人,能刺激你生气的因素自然也会变少。用更正向的态度生活也有相同作用,你会把重心从关注那些刺激你生气的消极环境因素,转移到那些更积极的点上。

这里描述的许多策略会在多个方面起作用。自嘲是一种更积极的人生态度,还能化解一些危机。倾听,同理心,包容,原谅……这些都能帮助你改善和他人的关系,也能帮助你理性思考,转移怒意。

在每一章中,我们会按照以下结构来讨论一个策略:首先,我们会从最基本的原则开始,讨论什么时候用这个策略,如何使用这个策略,以及为什么它有用。然后我们会列出文献、雷德福的治疗经验和其他来源的实例,来叙述这个策略是怎么起作用的,以及为什么需要这个策略。接着,我们会总结这些策略的关键点。最后,我们也设计了一些练习,这些练习能帮助你更灵活地运用这些策略。

本书以扎实的科学研究和丰富的个人经验作为支撑。理解这些"智慧的结晶"只是一个开始,你必须要把它和实际结合,运用到改变你的行为上。

克服愤怒和敌意需要知行合一,不断练习才能改变已固化的行为模式。降低你的敌意水平并不代表你得一下子消除所有与敌意有关的态度、想法和行为，而是慢慢将这些替换成更健康的行为模式。万事开头难，但不积跬步，无以至千里。如果你坚持运用这些策略，那么你原先在无意识中形成的模式将无法再主导你的一言一行。

如果你希望从书中得到更多，那么就需要尽可能在生活中运用这些策略。当你专注于改善自己的敌意状态时，你会知道什么会让你生气。下面描述了一些案例，这些案例后续会在本书的不同章节中详细描述。

√能让雷德福生气的案例：马路杀手。
举例：一名司机在高速快车道上超了我的车，然后减速。

敌意程度高的人群往往有路怒症。乔治·威尔在《忠实的心》的专栏中，描述了他对于那些左转时不打左转向灯的司机的愤怒。

√能让雷德福夫人生气的案例：以自我为中心的人。
举例：我在描述一件事情，刚说到一半时别人就打断了我，开始自说自话，内容跟我说的事情没有什么关联。

这些或许不是最能惹怒我们的事情，因此仅仅只是阅读这些案例并不足以帮助我们控制大多数敌意。我们需要专注于那些最常使我们生气的问题、人物或情境。

那些会是什么呢？你的伴侣、子女或亲戚？懒惰、无能、抢功劳或甩锅的同事？只会画饼却不懂得体谅你的老板？政府官员？其他国家的行为？不翼而飞的资产？本书的这个甚至都懒得猜一猜你为什么生气的作者？

在你读到下一章，学会怎么减轻愤怒和敌意的影响之前，我们建议你做一个初始的实验，在实验中运用下文所分享的策略。一方面，我们意识到，在参加工作坊时，你需要快速见证效果，以便能保持兴趣，从而坚持下去。另一方面，我们的经验（那些帮助了很多人克服悲观、愤怒、好斗情绪的经验）显示，为期数月的实验是理想的时长。因此，我们推荐你践行以下愤怒抑制策略或愤怒转移策略至少4周。在这4周时间里：

√最好能依照顺序阅读接下来的章节，在一段时间里只专注于使用一种策略。

√完成有关愤怒的情绪日记，即在这段时间里尽最大的可能坚持记录自己的愤怒问题与敌意问题。（每天都记录可能对一些人来说有困难，但你至少得保证隔天记录一次，来提高自己运用这些策略的能力。）

√每天抽时间专门练习每章最后的部分，或练习冥想。

在开始时，每周五天，每天 15 分钟，是一个合理的频率。但你可以灵活调整自己的时间，最重要的是确定投入足够的时间，并坚持下去。

√坚持在日常生活中运用你学到的策略。

初始实验：记录愤怒

最让你生气的事情 1：
最让你生气的事情 2：
最让你生气的事情 3：

当你完成初始实验后，你需要给自己机会来开始真正的改变。你可以开始评估是否在接下来的 4 周继续践行这些策略。我们相信这一定会很有帮助。

减少愤怒的策略

需要牢记的两项原则：

别操心那些小事。

大多数事情都是小事!

大多数敌意程度高的人群的问题始于对他人或无法改变的环境的非理性预设。只有和自己展开理性的辩论,你才能说服自己摆脱悲观想法、愤怒情绪和过激行为。所有的策略都从这里开始。

第 3 章
理性辩论

愤怒总有理由，但少有好的理由。

——本杰明·富兰克林

基本原则

何时用这个策略

你刚拖好地，而自家那个刚学会走路不久的孩子就跑了过来，在干净的地上踩满了脚印。你虽然气到想要尖叫，但仍残存的理性会和这股怒气展开辩论，告诉你孩子还小，需要耐心地教导他下次不要再这么调皮。

其实在很多时候，我们总能说服自己不用生气也能面对挑战。如果你需要做更多的事情来克服愤怒从而有效地行动，那么和自己开展理性辩论是必不可少的过程。在这个过程中，你会搜集更充足的信息，帮助你在"克服愤怒工具箱"中挑选更有价值的策略。

如何用这个策略

如果你对情境进行了理性分析,那么你可能会得出新的结论,即开始觉知到自己最初的猜忌想法、愤怒感受或攻击行为是没那么合适的。你也会告知自己这些都是可以调节的反应,无须用沮丧来面对。一旦你成功地说服自己不再生气,这页就可以翻篇了。

具体请参考愤怒消解指南(第97页)。让我们再一次回看这些问题,这一次和自己展开一次辩论,看看自己之前的答案有什么非理性之处。

开始时,你会进入和自己的对话,思考环境中刺激你产生敌意的想法、情绪及行为方面的因素。在对话中,思考自己能观察到什么,而不是继续揣测他人的动机。在客观观察之后,看看刚才的愤怒消解指南,想想这个环境是否值得你源源不断地投入关注。没错,交通信号灯可能都变了两次了,而你依然还在这个路口。但是,你上班并不会迟到。不过,为什么你将这个事自动升级成了一件大事?除了感到沮丧,你还能做些什么来让时间过得更有意义?

当你有空想点别的的时候,可以和自己开展一些理性的辩论。哪怕有时候你的愤怒有理有据,但是有些缘由实在难以匹配你的愤怒程度,更不值得让你被困扰这么久。你的时间非常宝贵,无须浪费在这样的小事上。你要从愤怒中逐渐找回自己的掌控权,并拒绝让愤怒情绪继续浪费你的时间。

在大多数情况下,你可以基于客观证据来评估情境。如果你这样做了,那么你将得出你的敌意预设和愤怒感受是否合理的结论。当你得出的结论告诉你,愤怒恐怕没那么适宜,或者缺乏必要的证据来做出判断时,请试着告诉自己无须再为此感到沮丧或烦恼。

例如,你看着满地狼藉的花瓶碎片,推测是家里的猫跳到了书房的书架上,把上面的花瓶碰掉了——之所以发生这种情况是因为你的猫是个小恶魔,还是因为猫的天性本就如此?后者的可能性更符合现实。

再比如,你为一次露天排队筹划了很久,但当天大雨倾盆。天气预报员预测降雨的概率只有35%,那他应该为这场大雨担责吗？当然不用！

还比如，你刚到一个不熟悉的火车站，火车站的时间显示系统坏了，你也没有别的方法知道时间。时间显示系统到底是坏了15分钟还是15天呢？你不知道，也说不清自己生气的缘由。

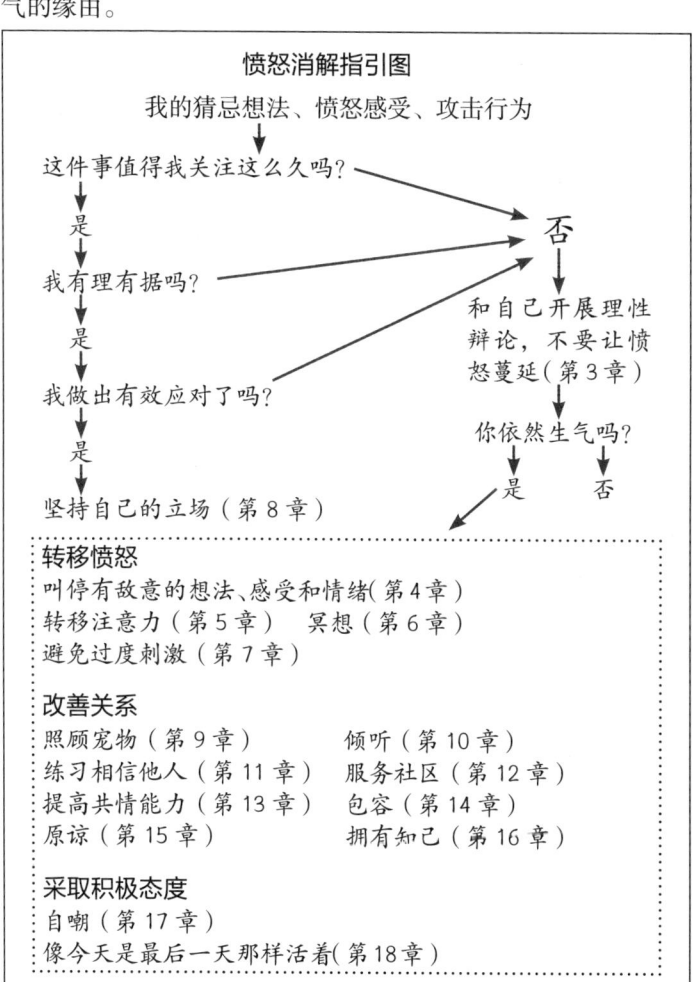

你能轻松断定那个纵容自己的狗连续几天在你的院子里大小便的邻居一定行为不妥；那个在公交车站插队到你前面的人可能会占据车上最后一个空位，留下你在寒风中凌乱；那些不为他人着想的人一无是处，蛮不讲理。你有理由感到生气。

如果你认为这些情况值得你持续关注，你这么做是有理由的，或者你无论如何都会感到愤怒，那么接下来问问自己能否有效回应。

有时候，你可以给予有效的回应。你可以直接告诉邻居不要让他的狗在你家院子里随地大小便，你可以斥责想插队的人应当去后面排队。当你的愤怒仍在理性的控制之下时，可以对那些重要的人或事采取有效的回应，不必畏首畏尾，大胆去做吧。

当你无法很好地处理时，请参照愤怒消解指南来帮助自己，狂怒等过度反应只会伤害自己。在内部的对话系统里，通过理性思考与自己辩论。你的反应并不会改变某个人、物、群体或国家，即便他们可能让你怒火中烧。天气可能很糟，但你的咆哮和咒骂也融化不了漫天风雪里的任何一个冰碴儿。是的，那个把房子刷成俗气绿色的邻居一定是喜欢那个颜色，他毫不在意你的看法。你当然可以选择搬走，也可以试着和那个颜色和平共处。

恭喜！到此你已经完成了三类对话。这三类对话分别分析了应对沮丧因素的价值、合理性、有效性,现在再一次看看愤怒消解指南,问问你自己:"我还需要生气吗?"如果你已经能不生气了,那么祝贺你!你已经成功平息了自己某一部分的怒火。

如果你还生气,那么接下来请想象你的身体里正在发生什么——如果你忘了,回去看看马丁在回家路上对轿车司机生气的时候,他的身体发生了什么。如果你的健康会因为持续的怒火而受到伤害,那么为什么不试着和自己聊聊天,帮自己尽早停止这种没有益处的自毁行为呢?

另一个和自己理性辩论的方法是回忆那些老电影中的卡通画面——一个小恶魔出现在了埃尔默·福德先生的肩上,对他说:"冲!射那只野兔!"当你有负面想法时,就是你的小恶魔在和你对话。

而又有一个小天使出现在了埃尔默·福德先生的另一个肩头,提醒他:"等一下!那只野兔可能还有家人要照顾!"如果你听从了小天使的意见,不再生气,那么你就会发现自己的敌意也会逐渐消退。

如果你不论多么认真地和自己理论,还是会感到悲观、生气、冲动,那么,这些时候,你可以看看愤怒消解指南中的下一条策略。

为什么这个策略有效

一旦你意识到有些不值得、不合理,或者自己改变不了现状,那么你的敌意就可能会消散。你不断启动理性大脑所进行的自我对话,会帮助你克服基因中自带的"战斗或逃跑"的本能反应。拖延时间的战术往往也很有效,因为你给了自己一点反应的时间,有机会运用理性来审视当下的情境,而不是让外界或曾经的刺激产生非理性的、毫无益处的情绪化反应。

让我们详细研究几个案例,以观察这个策略是如何奏效的:

深夜,劳伦斯还在回家的路上。他饥渴难耐,昏昏欲睡,很想喝一瓶可乐提提神。终于,他开到了一个空无一人的服务区。在昏暗的灯光下,劳伦斯看到了一台饮料自动售货机。他停下车,很开心地发现机子里有自己最喜欢的可乐。运气真好啊!他在口袋里翻来翻去,最终找到了3个硬币,立刻将它们投进了饮料自动售货机,却没有可乐下来。他踢了自动售货机一脚,还是没有可乐下来。他摇了摇机器,还是没有。然后他看见了模模糊糊的三个字——维修中。"真该死!"服务区看起来一个人也没有,到处都上了锁,他开始感到自己的血压在飙升。

是时候看看愤怒消解指南了。在这个场景中,客观事实是劳伦斯没有看见"维修中"的标志,他在一个坏了的饮料自动售货机里白白损失了3个硬币,没有人会把这些钱赔给他。而且,这个服务区不太可能会在第二天早上上班前来个人。他不能确定是服务区的负责人故意把"维修中"的标志弄得很模糊,还是灯光太昏暗了,他太着急想拿到饮料了,所有的心思都在找零钱上,并没有注意到"维修中"的标志。

这件事重要吗?很多人都会这么想。然而,此刻的劳伦斯需要咖啡因来保持清醒,他觉得这件事情对他很重要。

劳伦斯有理由生气吗?当然了,他无缘无故损失了3个硬币,并且现在他依然感到很渴。

劳伦斯继续照着愤怒消解指南来思考和实践——他有效应对了吗?他可以给老板写一个小纸条,要回他的钱。但他没有纸,也需要找一支笔。总而言之,他需要再花15分钟做这些事情。可能纸条在他离开后就会被吹走。他可以在晚些时候写一封信寄过来,但他不知道收信人地址……更麻烦了。他不能保证这位负责人收到信后会给他退款。如果他多花了15分钟干这些,还是没有拿回他的钱,那么他会比现在更沮丧。他当然有其他选择,但是这些选择不足以吸引他付出更多的努力或承受额外的挫折。劳伦斯决定是时候放手了,人有时得要及时止损。

芭芭拉在另外的情况下运用愤怒消解指南,得出了和劳伦斯不同的结论。她刚收到了网购的运动衣。卖家发错了色号,运单上的信息证明了这一点。这个蠢货!她能感觉到自己一边咒骂卖家，一边血压飙升。思考了一会儿后，她想起了愤怒消解指南上的策略。

芭芭拉开始问自己这件事情重要吗？有点儿，但也不至于那么重要。收到一件发错颜色的运动衣在整个生活的大视角下并不重要。但她希望得到公正的待遇，发错色号毕竟不是她的错。接下来她问自己是否有正当理由感到生气，她觉得她有。

芭芭拉考虑了她面临的选项，这也是愤怒消解指南中的最后一个问题。她可以把运动衣放回盒子里，退货，留下一张表达不悦的纸条，但这意味着她要去邮局或者快递点，花另一笔钱把东西退回去。芭芭拉发现自己过于激动，没办法理性思考自己的选项，所以她做了几次深呼吸。

现在，她平静下来了。她记得自己还留着运动衣的产品目录。为什么不打一下运动衣公司他们的服务电话说明一下发生了什么事呢？即便客服给不出什么好建议，芭芭拉也可以叫快递到付，并让运动衣公司重新寄一件她喜欢的颜色的衣服来。这看起来是她最好的选择！芭芭拉为自己有效的应对措施感到高兴，紧接着她开始找她的产品目录。

理性的自我辩论的操作步骤

和自己展开对话，来判断当前的情况是否值得你继续花费精力。同时，检测一下你的想法、情绪、行为有没有与之匹配的理由，以及当前的应对策略是否奏效。

如果你对上述问题的答案中有任何一个是否定的，你也不想继续生气了，那就试着帮助自己放弃原先的想法、情绪、行为。

如果你还是很生气，接下来思考以你的身心健康为代价继续生气是否值得。如果可以的话，继续尝试愤怒消解指南里的其他策略。

练习

在你的愤怒日志上加上两条：

在某场景中因为某事或某人而产生了愤怒的想法、感受、行为时所使用的策略：

结果：

到目前为止，你学到的策略只有和自己开展理性辩论，但后面你会有更多的选择。密切关注你尝试了哪些策略以及对应的结果，这样会帮助你回顾具体的策略在不同场景下如何发挥效果。

在下面的场景中用理性辩论的方式疏导自己不必继续生气：

A. 你和朋友正准备去野餐（或者出海郊游、进行网球比赛），但是天一下子变阴了，你开始有些暴躁，变得疾言厉色。

B. 你养的小狗在家里乱尿了。在清理尿渍的时候你发现自己心跳加速，面色潮红。

C. 你不小心踢到了桌角。你的脚趾好痛，心态也崩了。

D. 你同事的助理经常上班迟到，还在工位上吃气味很大的东西，总是偷懒不干活。一看见她，你就血压飙升。

E. 你的前妻（前夫）带你的孩子去看了电影，而你早就计划要带孩子去看这场电影，作为给孩子的惊喜和奖励。

转移愤怒的方法

除了劝自己不要生气，控制悲观、愤怒、好斗情绪的最简单的方法是不理会那些让你生气的因素。我们从叫停思考（第4章）开始，这是最快消除敌意想法的技巧。如果这招没有效果，接下来试着转移注意力（第5章）。冥想（第6章）是转移注意力的终极大招，它比其他方法更能让你沉浸其中。所有的这些转移策略在你减少或避免过度刺激（第7章）及经常锻炼的情况下效果最好。

第 4 章
叫停有敌意的想法、感受和情绪

……要弃绝这一切的事：恼恨、愤怒、恶毒、诽谤，并口中污秽的言语。

——《歌罗西书》第 3 章

基本原则

何时用这个策略

你刚看了一遍愤怒消解指南中的一系列问题（当你熟悉这套方法后你能很快看完这些问题）。你觉察到自己那些愤怒和充满敌意的想法、感受、冲动是微不足道的（或非理性的），却还没能对此做出有效应对。尽管你努力劝自己不要生气，但你感觉自己依然无法停止下来。那么快速有效的下一步就是停止思考，让你那些愤怒和充满敌意的想法、感受及冲动尽早"短路"。

如何用这个策略

叫停思考听上去非常浅显易懂。你意识到自己产生了充满敌意的态度或者想法,并朝它大吼:停下来!如果你和别人在一起,比如正听着你淘气的 10 岁儿子说话,吼出来可能有点尴尬,所以你得在心里默默地"大吼"。当你独处时,如果你愿意,那么你可以一边听着晚间新闻中勃然大怒的政客大放厥词,一边用尽全力大叫:"停下来!"

我最近有点担心弗兰克……他似乎没办法放轻松。

如果一开始喊"停下来"没有起作用,那么你可以改变一些策略。例如,找别人帮忙。在你看上去有些被激怒的时候,让你的伴侣或朋友拦着你点,和他们商量一个类似于"停下来！"的安全词。刚开始的时候你的朋友会帮你喊出这个词，阻止你对那些令你失望的因素过度反应。过段时间，当你掌握了这个技能，你自己就能喊出"停下来！"这类的安全词，下一步就是从实际上的大喊切换到心里的呐喊。

你可以在脑中预备一两个你喜欢的东西，比如最喜欢的人、你的爱好，或者一天中最喜欢的时间。当你得到"停下来！"这类的信号时，你可以开始想这些你喜欢的东西。你没办法将注意力同时放在电视上烦人的政客和你投中一个三分球时的喜悦上。

在任何场景下，当喊出了"停下来！"之后，如果那些充满敌意的想法、感受、冲动还在，那么你也不要感到绝望，你在愤怒消解指南中还有其他策略可以用。

为什么这个策略有效

停止思考属于认知行为疗法（即改变想法和行为的一种心理治疗专业术语）中的一项技巧。你可能会惊讶，这样简单的策略竟然如此有效，常常能帮助敌意程度高的人群在日常的鸡毛蒜皮的小麻烦中，摆脱那些愤怒的（或充满敌意的）想法、感觉和冲动。从某种意义上说，停止思考是"和自己开展理性辩论"这个策略的延伸，你肩上的理性小天使也可以告诉另一边肩上的愤怒/敌意/冲动小魔鬼要冷静下来。

心理学家罗伯特·奥恩斯坦在他的多重心智理论中提出：

我们的思维不是单一的个体，而是载着物种进化历史的复合体。思维不仅仅是由它自己组成的，还囊括了我们所继承下来的文化特质。

根据多重心智理论，我们的大脑继承了先辈们的"遗产"，用来在复杂世界中生存。生存永远是首要考虑的因素，我们的意识会优先考虑最近的信息、意料之外的情况、最优的选择，以及别人会怎么做。因为我们的目标是吃饱穿暖，安全稳定，身体健康，对环境中的意外事件做出有效反应。

奥恩斯坦认为，情绪是我们心灵的重要组成部分。情绪或感受能点亮一整段思绪，而怒意则能唤起过去的愤怒情绪。如果我们把奥恩斯坦的理论运用到"停止思考"这个策略上来，大叫"停下来"能让你把怒意从意识中移走。你的身体便不用再为应对天敌袭击或者在部落中一战成名而做准备。

《化身博士》中的主人公就是一个应用多重心智理论的典型案例。在这本由罗伯特·路易斯·史蒂文森创作的小说中，主人公杰基尔博士能通过实验释放出自己被压抑的另一重本能。当他喝下在实验室配好的药剂后，爱德华·海德（主人公的另一重人格）会占据他身体的主导权。海德纵情声色，让常被压抑的杰基尔感到愉悦，所以海德这个人格越来越强大，他缺乏自律，沉迷享乐，自私自利，常常不受控制地大发雷霆。

杰基尔博士的实验证明了双重人格的存在，就像奥恩斯坦的多重心智理论所说的那样:"我大胆猜测,一个人也是一个集群,由各种各样的独立人格构成。"

在史蒂文森的小说中,杰基尔博士在杰基尔和海德的两种形态间不断转化,最后在绝望与苦恼中自尽,终结了自己矛盾的一生。

"我窥探到了危险。如果任由危险蔓延,我内心的平衡将会被颠覆。我会丧失自主切换人格的能力,海德将完全占据我的身体……刚开始,摆脱杰基尔这一人格很难,但渐渐地,他不受控制地向邪恶的那一边逐渐堕落。所有的事情都指向这一点:我慢慢丢掉了那个善良纯粹的自己,邪恶的人格占据了我的身体。"

杰基尔/海德是文学中的一个极端例子,但这个故事和我们的策略有共通之处:当你的低级本能主导了你的意识时,你要告诉它们"停下来"。

对于所有人来说,"前方危险"的信号能使人警惕。而敌意程度高的人群的问题是他们经常过度反应,认为大多数情况都很危险,所以常常处于"战斗或逃跑"的紧急状态。当被叫停后,脑海中"前方危险"的信号灯也关掉了。信号灯停止闪烁,意识重新回到其他地方,这也反过来打断了敌意跟"战斗或逃跑"状态的连接。

让我们举几个例子,看看停止思考的策略是怎么工作的。

我女儿珍妮弗20多岁,儿子劳埃德10多岁,他们人都很好。但就像其他的青少年那样，他们有时候会叛逆，通过挑战父母的权威来体现自己的独立。一开始珍妮弗不喜欢我们做的晚饭，不喜欢我们让她做家务，不喜欢家庭聚会，甚至还要找找我们驾驶技术的茬，后来劳埃德也有样学样。

现在，珍妮弗长大了也结婚了，是个自食其力的成年人了。当初她叛逆期那会儿，我们发现这个叫停的办法很有效。一旦叫停，我们就不会把她的不满和指摘当回事。有时候我们成功叫停了，但有些时候我们并没有。回想起来，耐心所带来的帮助远远超过反驳。

这个叫停的策略对和我们住在一起的儿子劳埃德也很有效果。和珍妮弗相处让我们有了经验，现在我们叫停敌意的能力也越来越强，我们觉得自己成功的概率在增加。当我们看到劳埃德的房间乱糟糟的，总是临时变卦，或者无端冒犯我们时，这个叫停的策略让我们至少在有些时候不再大发雷霆。

工作坊的参与者告诉我们，内在的自我警告是一个非常有趣的策略。他们会把"停下来！"换成其他更丰富的句子，比如有人说"你又来这一套！"对他很有效。

停止思考的步骤

A. 思考这个情况是不是值得你花费精力，你的愤怒有没有正当理由，以及当前的应对是否有效。

B. 根据情境，或在心里告诉自己，或大声喊出，或让别人提醒你：停下来！

C. 如果这个想法、感受、冲动消失了，或者没那么吸引你的注意力了，恭喜你，你已经有效地消减了怒意。如果情况并非如此，那么你不妨试试下一个策略。

练习

1. 查阅你的愤怒日志，挑出那些你一开始就可以避免的情况。当你下次面对类似情形时，试一试"停下来"的策略。

2. 下面是一系列其他人的愤怒日志里的内容。你可能对其中的某些情况有消极反应，对其他情况则没有消极反应。记录下那些曾经会引起你的消极反应的情况，以便当你再次被激怒时，你能采取有效行动，或者采用"停下来"的策略。

√长发戴耳环的男性

√穿制服留平头的男性

√穿裤子留短发的女性

√那些衣服很透的女性

√衣服上印有嘲讽标语的人

√头发蓬松，穿着涤纶休闲裤，系腰带的女性

√浓妆艳抹、珠光宝气的女性

√带着大包小包旅行的青少年

√一车的游客在卫生间排队

√一群人在卫生间排队

√穿动物皮草的人

√抗议加工皮草的人

√咯咯笑的人

√没有自嘲感的人

√胖子

√为了健康节食的人

√在公共场合嚼口香糖的人

√抠鼻子的人

√在公共场合朝孩子大吼的人

√公共场合酗酒的人

√瘾君子

√性工作者

√惹你生气的销售

√你在柜台等着，销售却在接电话

√在公共场合把音箱声音开到最大的小孩

第 5 章
转移注意力

十大行为准则之一：生气的时候，先数到十再开口；如果非常生气，那就数到一百吧。

——托马斯·杰斐逊

基本原则

何时用这个策略

从现在开始，每当你怒火中烧时，都要问自己愤怒消解指南的 3 个问题。当你判断自己的愤怒是无理取闹，或者让你愤怒的理由微不足道，或者你并没有试着有效应对愤怒时，把自己的注意力从生气中转移出去，往往是一个有效的策略。

如何用这个策略

在环境中找到一个东西作为锚点，并转移自己的注意力。看看周围有什么能吸引你注意力的东西，挑一个最好的。例如，当你因为在超市排队时间太长而感到有些恼火时，你可以在结账前，翻一翻收银台旁边的杂志，留意一下杂志的价格，或者观察旁边的人。

有一个工作坊的参与者分享，当他堵车感到烦躁时，他会在车上放自己最喜欢的歌，然后大声跟着唱。你也可以打开收音机切到谈话节目，但当心不要被那些敌意程度高的连线者的抱怨重新激怒。

如果你周围的东西都没什么吸引力，试着做做白日梦：想象一顿饕餮盛宴，或者坠入爱河的美妙场景，又或者想象一下自己的梦中假期。当你想象中的浮筏漂到了南太平洋的小岛上时，可能已经快排到你了！

为什么这个策略有效

你的意识很难同时专注于两件事情。当你开始想一些新内容时,就不会被那些激怒你的事情困扰了。转移注意力能帮助你让一系列的愤怒反应"短路",在造成伤害前减少怒气,并降低压力激素水平。

让我们来看一些例子。当雷德福开车回家时,他把报纸放在了副驾驶位子。晚高峰时,有些路口格外堵,通常要等好几个红绿灯才能开走。每当遇到要等红绿灯的时候,他就可以简单地浏览浏览报纸上的新闻标题。

有个工作坊的参与者描述自己的工作时说,工作一般来说是快乐的,但有时候不可避免地会遇到烦心事。每当她觉得自己受不了了,也没有应对办法的时候,她就回到办公室,把门关上。然后面对着墙上那张大大的地图,想象自己开始徒步漫游。她会闭着眼睛让手指任意停留在地图上的某个地点,然后把注意力转移到那个地方。如果她曾经去那个地方旅行过,她就会开始回忆当时旅行的场景。如果她从未去过,她就会想象那个地方是什么样子的。一旦她重新平静下来,就重新打开门,继续面对接下来的工作。

我们的一个朋友会一直重复告诉我们同样的东西,在他说这些的时候,他不喜欢被打断。如果我们告诉他他已经说过这些了,他就会感到很受伤。比起对话,他更喜欢自言自语。在和他的"对话"过程中,我们能规划菜单,构思章节大纲,甚至构思基金申请的内容。这些"对话"里面并没有什么互动，在这个过程中转移注意力能让我们在保持一定礼貌的前提下做自己的事情（他当然有别的可取之处，所以我们想继续跟他保持友谊）。

转移注意力的好处在《凯奇夫人》这部电视剧中展现得淋漓尽致。凯奇夫人由安妮·班克罗夫特饰演，她是一个老太太，在超市的持械抢劫中"失去了理智"。

不知怎么回事，她拿到了抢劫犯的枪，却向另一个顾客开了枪——这个顾客那会正大声尖叫着自己钱包被偷了，同时身旁躺着一个奄奄一息的搬运工。凯奇夫人看上去就是一个平平无奇的老太太，警察十分困惑，想知道是什么让这个老太太发了疯。

凯奇夫人回答："这人站在快速购物通道上，购物车里有27样东西，没有优惠券。是的，她没有优惠券，还想着写一张支票来买单。这就是她该死的理由，你明白了吗？"

如果凯奇夫人知道转移注意力的策略并拿起了一本杂志，可能这一切就不会发生了！

转移注意力的步骤

如果暂时没有好的应对方法来改变激怒你的环境，那就试着转移自己的注意力。

从环境中抽离出来，把注意力集中到那些没那么惹你生气的地方，比如看看杂志，收听电台节目，观察人群，或是进行幻想。

如果你成功做到了，那就奖励自己，在脑海中拍拍自己的肩。一旦打破了僵局，就继续去完成正事。如果转移注意力没什么效果，那就换一个策略。

练习

假设你处在以下场景中，并想出 3 个转移自己注意力的方法。

A. 你在听一场公开讲座，礼堂里有个淘气的孩子一直在捣乱，让你没办法听清演讲嘉宾在讲什么，你开始生气了。

B. 你在开车去机场的路上，需要等一辆长长的货运火车先通过。等着等着，你越来越恼怒。

C. 午休时间快结束了，你还在邮局排队。排在你前面的老人要买一长串邮票，每种都需要 5 张。但你已经要来不及了……

看看你的情绪日志，思考转移注意力的策略是否适用于其中的某些情境。想想你会用哪些新的东西来吸引自己的注意力。

第 6 章
冥想

血液是一种非常独特的液体。

——约翰·沃尔夫冈·冯·歌德

基本原则

何时用这个策略

你判断现在这个情况不值得你花费精力，你的想法、情绪、冲动没有正当理由，但你并没有有效的应对方法。你尝试和自己开展理性的辩论,你也试了其他的办法(停止思考和转移注意力),试图将愤怒转移,但这些办法都毫无用处。你很清楚,你的心脏怦怦直跳,呼吸加快,情绪剧烈起伏。这些都是你的肾上腺向血液中泵出肾上腺素的标志,你也清楚这会对你的心脏、动脉和免疫系统造成伤害。情况正在超出你的控制,你还会有更过激的反应。

这时候简化版的冥想可能会有效。你不必像克拉克·肯特(超人)那样跑进一个公用电话亭,换上超人的服装,去揍飞你的敌人。现实生活里动用"超人的愤怒"常常会伤人伤己,现在我们需要的是换回克拉克·肯特的便装。冥想会让你实现这样的效果:从现实环境中抽离,平静下来,停止那些悲观的预设,从而让身体镇静下来,刹住那些被愤怒激发的、正在体内狂飙的肾上腺素。

如何用这个策略

冥想的策略看上去非常简单有效,实际上,它的难点在于如何让你在怒火中烧的情况下依然牢牢控制住自己。

就像学习其他任何技巧那样,你的冥想能力会在练习中提高。这意味着你不能在喧闹的场景中练习。当对方球队的粉丝挥舞着手,在露天看台上上蹿下跳的时候,这并不是训练你罚球能力的好机会。你的罚球练习需要在安静的体育馆里进行,这样方便你掌控节奏。当赛场上的形势变得岌岌可危,比赛即将结束的时候，此刻的你已经将罚球的节奏深深刻在了你的肌肉记忆里，这时你就能在噪声和其他干扰下，快速投出关键的罚球。

压力环境下的冥想能力也会在不断练习中得以提高。每天在安静的环境下冥想15分钟，你就能在脑海中清空所有的想法。当你被无端挑衅，或被他人的"无能"妨碍的时候，你就能更好地用上冥想的技巧来停止悲观的想法，平息愤怒，抑制好斗的行为。接下来是冥想的要点：

用一个你觉得舒服的姿势。不用折叠你的身体，在椅子上简单坐下，或在地上盘腿坐下，或直接躺下都可以。

尽可能放松身体的每一块肌肉。一开始可以采取"渐进式放松"的方法，即先让肌肉收紧，再放松，从你的脚和脚趾开始，慢慢地，一步一步地，直到你的脸部。

把注意力集中在你的呼吸上。注意你吸气吐气的方式。仔细感受空气流过你的鼻黏膜时的感觉，让空气缓缓进入你的胸腔和腹部。慢慢呼气，让你的肺部排出所有的空气。尝试自然呼吸，从鼻腔吸进空气，用嘴呼出空气。

每次你呼出空气的时候，重复一个字或者词来描述你想要达到的状态，比如"静"或者"平静"。

在你做这些的时候，你会注意到有一些杂念在扰乱你的意识。这很常见，不要被这些所困扰。专注于你的呼吸，在每次呼气的时候念出那个字或词。当你越来越擅长冥想的时候，你会越来越容易对那些扰乱心神的想法置之不理，这些想法也会越来越少。

坚持练习呼吸冥想一段时间，每天15分钟。练习的时候保持电话静音，避免外界的干扰。如果可以的话，尽量把练习安排在饭后和睡觉前的清醒状态时段。你的目标是让自己平静下来，而不是昏昏睡去。

如果呼吸冥想对你没有效果，试着用视觉冥想。

将注意力集中到一幅画面上。可以是你看到的场景，也可以是你想象中的画面。

在呼吸之间，用一个词描述这个画面。如果你的画面是一棵树，那么你可以说"绿色"。

如果呼吸冥想和视觉冥想都没有效果，那么你可以试着把注意力集中在一个想法上。举个例子，你可以反复诵读你喜欢的一段经文或一首诗。

在安静环境下的日常训练会帮助你提高冥想的能力。接下来，每次在公共场合等待的时候你都可以冥想。这并不意味着你要在超市队伍中做瑜伽动作。你只需要从一个深呼吸开始，将你的视线集中在某一个点上（比如墙上的一个挂钟），然后在每次呼气的时候念出你的"咒语"。当你在公共场合冥想的时候，没有人能看出来你在做什么。

你可以从等待就医开始，也可以在银行排队时，或者堵车时练习冥想。到你可以熟练使用冥想技能的时候，试着在出门前等候伴侣的时候进行冥想。

最后,试着在每次有愤怒的想法、情绪或冲动的时候,判断这些愤怒是否微不足道或毫无根据,当你没有有效应对策略的时候,试试冥想。开始的时候,你可以在冥想的时候平躺下来,当你技巧纯熟的时候,你甚至能在叛逆的孩子挑战你的权威,攻击你的外表、爱好和性格的时候冥想。

把冥想看成一个秘诀,如果有人或事令你有了愤怒的想法、情绪和行为,这个秘诀可以帮助你从当前环境中快速抽离。

为什么这个策略有效

当注意力集中在呼吸上,每次呼气时都说出那个能让你感到放松的字或词时,你就把悲观的预设从脑海里赶出去了。

如果你观察过那些站在罚球线上或滑雪跳台上的运动员,那么你会发现,他们在开始前常常会做几次深呼吸。这样做除了可以让他们开始得晚一会儿,也能缓解他们的生理压力。一些经过精心设计的实验室研究表明,冥想能缓解人类与生俱来的紧张反应。冥想时,你的呼吸和心跳会慢下来,耗氧量会减少,血压会下降,并趋于稳定。相应地,皮肤传导电流能力会下降,出汗减少,血液中的压力激素量也会下降。另外,脑电图显示,冥想时人的脑电波切换到了低耗能模式。

在某些方面,练习冥想就像服下一剂强效镇定剂,让你叫停了"战斗或逃跑"反应。因此,冥想能帮助你制止愤怒对你的心脏、动脉和免疫系统造成生理性伤害。

日常的冥想练习除了能帮我们控制愤怒，还能在其他方面有所帮助。冥想者在身心上都更加稳定，他们的焦虑减少了，对世界也有了更多的掌控感，不再认为自己是一个渺小的、被动的受害者。对于那些熟练掌握冥想的人来说，他们的生活方式也会变化，这些变化让他们更健康。总之，种种迹象都在表明，冥想有益于身心健康。

有些禅宗大师甚至会通过练习呼吸冥想，来帮助悟道。

雷德福从十几岁开始，就用冥想的方法缓解不同环境下的压力和无聊。在青少年时期，他每周末都会去教堂。有时，他对布道的内容没什么兴趣，但他没有感到烦躁、坐立不安，而是将右眼看到的像"飞蚊"一样的小斑点，作为视觉冥想的对象。他会保持右眼一动不动，专注于一个小斑点，然后慢慢地、一点点地移动眼球，把小点移动到正在布道的牧师的头上。再然后，他会把小斑点继续慢慢地小心移动，在牧师的头上画一个圈。一遍又一遍，他会尽可能地画圈，同时不让小斑点碰到牧师的头，也不让小斑点突然飞走（所以他的眼睛不能有瞬间大幅度的移动）。

雷德福用这种办法度过了5分钟，10分钟，15分钟，并且从不像其他人那样感到无聊。

现在雷德福上了年纪，他的冥想技能也被用在了其他方面。就像我们建议你做的那样，雷德福会在排队时或者交通拥堵时进行短暂的冥想练习。他也意识到了在这些环境下，冥想会比单纯地对缓慢移动生气更有用。

虽然一开始雷德福的许多病人的敌意和 A 型人格特质让他们抵触这些技巧的运用，但当他们把冥想和放松的技巧运用在现实生活后，他们的生活变得更轻松了。

两个男病人来到了雷德福的诊所，抱怨工作会加剧他们的头痛症状。

第一个病人在一家大型企业中担任经理，主管工资发放。他并不信任他人，也很难授权他的下属执行工作。因此，他需要核对每一个决定，追踪每一个进程。每一次公司发放工资的时候，他的头痛会更剧烈、更频繁。

雷德福建议他在每天的早上和下午各抽出 15 分钟，关上办公室的门，电话静音，练习冥想。经理回复："你一定在逗我！每过两周，我们公司就会有 4000 人在等我发工资！"

"让我们做个约定吧。你先试两周，如果这影响到你的工作计划，那咱们就不练了。"雷德福这么回道。经理还是有些顾虑，但最终同意试一试。

两周之后，经理去雷德福那里复查，他有点不好意思地说："不试不知道啊！像我们之前说的那样，我一天试着放松两次，然后头就再也没有痛过了。而且你知道吗？过去这周我竟然每天提前半小时完成工作，离开办公室。"不知怎的，不像以往那样绷紧一根弦，工作竟然也顺利完成了。

另一个病人是美国国家环保局的科学家。每次在会议中激烈讨论如何处罚违反环保条例的公司时，他就会不由自主地感到头疼。当他看到同事们不积极作为时，他会感到特别沮丧。

雷德福建议他在这些冗长的会议中偷偷地进行冥想练习。他一开始很生气："什么？让那些混蛋每次都应付过去吗？"就像那个忙碌的经理一样，雷德福成功说服了这位科学家同意尝试为期两周的冥想练习。

两周过去后，病人在回访时说："我还挺佩服你的，头痛真的好多了。而且，"他的脸上笑开了花，"我在这些会议上获胜的次数更多了！每天抽空练练冥想，让我在工作中也有了更好的想法。"

一开始，这两个病人都拒绝在工作时抽空练习冥想，因为他们的敌意假设——如果工资无法按时发出，假如会议辩论失败了——让他们害怕在工作中尝试新方法。但这些令人恐惧的事都没有发生。相反，这减少了他们在工作环境下"战斗或逃跑"的紧张状态，他们不再头痛了，做起工作来也更加得心应手。

在一开始进行至少两周的冥想练习非常重要。雷德福治疗头痛患者的经验告诉他，一个患者至少要经过两周才会意识到放松带来的好处。因此他十有八九能确定，如果病人真的坚持了这么久，那么他们复查的时候一定会带来好消息。

同样，我们也鼓励你在一开始去坚持尝试记录四周的愤怒日志，并通过愤怒消解指南，运用你在本书中学到的控制敌意和怒意的各种策略。这些策略并不能让你一夜之间轻松控制你的愤怒，但如果你坚持（就像雷德福的头痛患者那样坚持）尝试四周，那么你一定会为自己的进步而欢欣鼓舞，从而更容易坚持下去。

冥想的步骤

放松，把注意力集中在自由呼吸上。

每次呼气时，重复一个令你感到平静的字或词，比如"放松""舒服"等。

坚持到"敌意危机"弱化。当你的注意力被打扰，重新集中注意力到呼吸上。

练习

在你学习那些克服敌意的不同策略时，坚持每天都冥想一段时间。

如果冥想对你来说是一个有效策略，我们推荐你阅读乔恩·卡巴金的《多舛的生命》，书里有详细的步骤来教你冥想，卡巴金博士把冥想当作每时每刻的对自我对身体的认知过程。

冥想者由此获得了一种整体感。卡巴金指出，一旦他的病人成为擅长冥想的人，那么他们就能平静面对压力、痛苦和疾病，也能战胜他们人生中的艰难困苦。

第 7 章
避免过度刺激

运动和自制能使我们永葆青春。

——西塞罗

基本原则

何时用这个策略

敌意水平较高的人需要注意保养身体,一个平和的神经系统能帮助他们保持镇静。他们需要尽可能戒掉或减少尼古丁、咖啡因(在咖啡、茶、含咖啡因的汽水、巧克力和非处方药中含有的物质)和糖,经常锻炼,来达到这个平和的状态。

任何一个学过生物的学生都能搬出许多实验,证明食物的摄入会影响身体机能。而医学生也能告诉你,大脑、神经、心血管系统会被特定的化学物质影响。

有些物质天生就会刺激神经和心血管系统。尼古丁、咖啡因以及糖,是三种我们最常见的刺激因素。每次摄入这些物质时，都能瞬间引起过度刺激，接下来，它们的影响会慢慢降低。

敌意水平较高的人的神经系统哪怕在没有刺激的情况下，也容易过度反应。上面提到的尼古丁、咖啡因和糖会进一步加剧这种过度反应，进一步刺激他们的神经系统，使他们更加兴奋。

更重要的是，敌意程度高的人群缺乏用副交感神经系统来切断过度反应，让自己平静下来的能力。他们会保持高度兴奋的状态。如果他们之前摄入过尼古丁、咖啡因或者糖，他们就更难让自己平静下来。因此，摄入这些刺激因素会让他们原本超负荷的紧绷身体承受更大的压力。

比起摄入这些刺激因素，保持锻炼的习惯则会起到相反的作用。

如何用这个策略

这本书的间接目标是让你戒掉尼古丁、咖啡因和糖。而戒掉其中的任何一项都是一个需要坚持不懈、反复尝试，甚至需要专业人士帮助的大工程。

就像雷德福在第 2 章里说的那样，尽管人们很容易受到这些物质的伤害，但对于敌意程度较高的人来说，戒掉这些成瘾性物质实在困难重重。一旦他们能成功解除对尼古丁、咖啡因和糖的依赖，他们在克服敌意上就进了一大步。

另外一种有效的方法是改变自己的观点，不再认为敌意和物质成瘾相关。在日常生活中，你对愤怒的反应越小，就越不需要摄入成瘾性物质来放松自己。

开始锻炼对一些人来说相对比较容易，也可以减轻成瘾性物质滥用和敌意的伤害。但如果你 40 多岁了，或者已经有一些心血管方面的疾病，你需要在锻炼前先做一个体检。坚持一周做几次轻度的有氧运动是不错的选择。年龄不同，推荐的心率也相应不同，你需要根据自己的实际情况，找到自己的目标心率，在运动时经常监测，来保证你的心率在安全范围内。

坚持温和的有氧运动，比如游泳、慢跑、骑车、快走，会提高你的心率。你需要坚持做这些有氧运动至少20分钟。

在运动时不要一心求胜，或者想要一直进步。你只是用锻炼来让你的神经系统平静下来，而不是在另外一个领域取得什么巨大的成就。

想想你最喜欢什么运动。先尝试，不要过多投入或预期自己一定会坚持。你的重点是体验运动的乐趣，而非强调运动对健康有益。

在你很不想锻炼的时候放过自己，一旦心态有所变化，就尽快恢复锻炼的习惯。

为什么这个策略有效

很多美国人用成瘾性物质来调整自己的精神状态。他们在早晨摄入尼古丁、咖啡因和糖来保持清醒和活力，并让他们从前一晚服用的镇静剂的药效中恢复过来。一旦他们的身体受到这些物质的过度刺激，或者他们被敌意事件激怒，他们就会开始重复酗酒和暴饮暴食的模式，来让自己平静下来。就像雷德福在第2章中描述的那样，敌意水平较高的人比其他人更倾向于摄入这些物质。

每天，许多美国人都重复这种"过度刺激—喝酒、暴食—得到平静"的行为循环，这些行为不但没有效果，而且会伤害他们的健康和人际关系。渐渐地，这些行为越来越有害，他们需要摄入的兴奋剂或镇静剂的量也越来越大，他们也需要抑制更频繁出现的暴怒情绪。一旦人们开始意识到他们需要打破这个模式，减少怒意和药物依赖就会变得越来越容易。

弗吉尼亚在几年前戒了烟和咖啡因，一周锻炼四次，经常关注自己摄入的卡路里和胆固醇，并且只在聚会时喝酒。这些对她来说很容易，因为她性情温和，胃口也不大。

雷德福就有点暴饮暴食。在饿的时候，他能迅速找到一间餐馆大吃约三斤牛排。在开展一些大型的学术会议期间，他偶尔会和一些酒友喝得酩酊大醉。平常在晚上回家之后，他会自斟自饮几瓶啤酒或几杯红酒。他经常抽烟，每天早起后会喝几杯咖啡。前几年他学了网球，现在偶尔会打打。

这些年，雷德福回家后喝酒越来越不节制，开会后和酒友的聚餐就更别提了。他的体重慢慢增加，之前练就的肌肉逐渐消失，腰围见长。某天，他得知了自己的好朋友兼酒友酒精中毒了！这终于引起了雷德福的注意，他开始关注自己的生活习惯。

雷德福的反应是立刻买了一把昂贵精致的网球拍。他找了很多球友来确保经常能约到球。在工作日，他开始喝无酒精啤酒。晚上需要放松一下的时候，他往常会喝两杯红酒，现在只会泡很久的热水澡，读一读报纸。

雷德福没法说他的新习惯对他控制敌意情绪起了多大作用。但显然，弗吉尼亚觉得她的丈夫相比于晚饭前喝酒那会儿，变得更清醒，也更爱和她相处。对她来说，那些晚上变得更舒心也更快乐了。

避免过度刺激的步骤

A. 减少摄入或戒除尼古丁、咖啡因和糖。这些可以是直接目标，也可以是实现控制敌意情绪的间接目标。

B. 一周锻炼几次。

C. 当你做到了前两项时，别忘了恭喜自己。如果中途遭遇失败也是件很正常的事情，重新开始就可以了。

练习

1. 思考自己的习惯。如果你大量使用前面提到的兴奋剂或镇静剂，那就在愤怒日志中记录的一周中的哪些情形会导致你滥用这些物质。你是否能发现悲观、愤怒、激进和药物滥用之间的关系（如果你要改变一个习惯，那么短期之内你可能会更暴躁易怒，但最终会趋于平和）。

2. 同样，在愤怒日志中记录下你锻炼的时间，以便你确定锻炼和愤怒及敌意有关联。

一个能令你事半功倍的策略

控制愤怒是一个能帮助你实现心理健康和身体健康的方法。但这并不意味着你不再有任何愤怒情绪，或者你不再有冲动行为。

很多时候当你回答愤怒消解指南中的问题时，会有"是"的答案，换句话说，在这些情况中，这件事并不是小事。你悲观的预设和愤怒的情绪是有理有据的，你也有合理的应对措施。在这些情况下，你需要采取行动。而这里的挑战，是如何有效应对，而不是发泄情绪。别让愤怒绑架你的行动力，或者让你失去理智。在下一章我会告诉你如何应对这些挑战。

第8章
坚持自己的立场

每个人都会生气,生气很容易。不容易的是朝对的人、有对的分寸、在对的时间、因为对的目的、用对的方式生气。

——亚里士多德

基本原则

何时用这个策略

在客观理性的情况下，你认定你的愤怒和敌意是有理有据的，但你也需要采取行动来改变自己受到的不公平对待。比如你的伴侣未经你同意，就从共同账户中支出一大笔钱去买了新车，而你想要攒钱付房子首付。还比如，你和你的同事一起准备了一份重要的报告，最后他提交时，却只字不提你的贡献。

控制愤怒也不意味着在看到他人受到不公正的对待时冷眼旁观。很多犹太教先知明确说过耶和华对任性的人感到愤怒。上帝生气地把金钱贩子们从寺庙中赶了出来。类似马丁·路德·金这样的人权领袖每年都会宣传兄弟友情，坚持自我，反抗威胁，打破不公正的法律。

你可以坚持自我，也可以转移愤怒，你需要不让鸡毛蒜皮的小事激怒你，同时也需要为自我和他人争取合法权益。有时候你选择坚定自己的立场，为正义发声，有时候则选择暂时置之不理，免受环境的影响。不公正的现象是客观存在的。但你的目标是学会控制愤怒，以找回自己专注和理性选择的能力；而非一竿子打死，对所有的不公正都袖手旁观。

冥想可以帮助你从当下的环境中抽离出来，坚持自己的立场则让你牢牢地"钉"在此时此地。坚持自己的立场，未必要诉诸冲动或武力，让他人改变某些特定的行为才是我们的目标。为了这个目标而行动，达成的方式可以是心平气和的、恭敬友善的。

如何用这个策略

首先理性地过一遍愤怒消解指南，确定现在的情况是否值得你花精力去让"作恶者"改变。接下来思考你想保护的人是不是真的受到了不公正对待。如果你的答案都是肯定的，那就评估你有哪些可选项。如果"作恶者"只是在拥堵的高速上抢了你的道，然后一溜烟就跑没影儿了，那么你可能做不了什么。但如果这个"作恶者"是一个常常打断你发言的同事，那么你可以找到有效应对的办法。所以，当你对愤怒消解指南中的问题的回答都是肯定的时，你应当坚持自己的立场，展开行动。

记住，在面对面接触的时候，传递出来的信息大部分不是通过语言，而是通过人们站立的方式、表情和其他肢体语言。因此，显得友善对你来说是有益的。你的目的是让别人听你说话，而不是站在另一方的对立面，让别人不理你。

因此，用尊重的语调说话会事半功倍，切记不要说得太快，也不要声音太大。像雷德福的同事贝尔富特指出的那样，像皱眉、嗤笑、嘲弄的语调这类行为是传达敌意信息的一手资料。带着怒容说出最有礼貌的话，也不会赢得听者的尊重。

用积极的、端庄的方式，用合适的面部表情和示意动作，表现得尽可能放松。如果你成功掌控了自己，就能成功掌控这些场面！

如果不是面对面交流，而是写信交流，那么就让你的行文看上去有理有据，并表达出尊重和友好的态度。

当然，你也需要随机应变。认真研究下面列出的几个策略，你会在选择应对方式的时候用到它们。每一种策略均建立在前一种策略的基础上。你不必在每个场合都使出必杀技，但总体来说，掌握更多的策略能让你应对更为复杂的场合。

1. 简短请求

有些时候你只需要一个简短的请求。说出你想要什么就足够了。"不好意思，请让我说完。"

2. 说出不妥的行为

你可以在表达请求前明确地指出他人的不当行为，这需要将你想改变的行为说得非常具体。"你吃了好多的腰果，我还一点都没吃到。麻烦等等我，我也想尝尝"比"你能考虑一下别人的感受吗？"的警告更容易让人遵从。

避免那些绝对化的说法，如"你永远都……""你从来不……"，并用"刚才，在你……"的句式表达。因为在当时的情境下，你会有沮丧、不愉快的情绪，在表达请求前做一次快速的冥想或进行深呼吸。平和的语气也会比情绪化的语气更容易令人接受。

3. 表达共情

如果你的请求可能会冒犯对方,那就用共情对方的话开头:"地上的这个标志在油膜的覆盖下很难看清楚,但是你不小心停在残疾人专用停车位上了。"(你没有直说请求,但已经暗示得很清楚了。)

4. 提醒对方做出承诺

如果你因为别人爽约而感到沮丧,那么首先提醒对方他答应了什么,然后客观描述他做了什么,最后总结你希望他怎么做。我们还是在处理一个简单的情况,所以一个简短的请求就够了。

"玛丽,我们之前说好了,你会让我知道每天都有谁打电话过来找我。"

"琼斯先生告诉我,有天他给你语音留言,让你转达给我一些重要的信息。但我好像到现在都没听你说起过他的来电。"

"我需要知道别人给我打的每一通电话,今后你能做到吗?"

5. 分享你的感受

向对方描述你对他的行为的感受,不要有所保留。在任何情况下,你都是最了解你自己情绪的人,而且这些情绪是真实的。哪怕别人对究竟发生了什么持不同意见,也没人能否定你体验到的情绪。在描述你的情绪时,你要用只代表个人的措辞。你可以说"我感到有些失望",而不是"这真令人失望"。

与此同时，告诉对方你经历的这些情绪让你感到很不愉快。

接着告诉他人，你要消解这些因特定行为而产生的不快情绪，就需要他人改变行为。你可以用一些能表达你依然珍视他们的语句开头，比如"我很喜欢和你一起出去玩。但当你迟到爽约，我会感到有些失望，接下来一天都会心情不好。我希望以后再约我出去的时候，你能准时到"。

6. 陈述后果

最后的办法是告诉对方如果他或她不改变，后果是什么。假设一个身体健全的司机把车停在了残疾人专用停车位上，但他不想移车。接下来你可以说："如果你继续停在残疾人专用停车位上，那我就叫保安了。"（前提是你要确保自己不会遭遇危险。）

后果可以很小，比如"如果你继续在我做晚饭的时候指手画脚，那么你要么别进厨房，要么自己做晚饭"，也可以很大，比如"如果你再这样，从开车到做饭，事事都要说我几句，那么我可能会离开你"。你需要将后果控制在说到做到的范围里，所以在下最后通牒之前，需要三思而后行。

7. 其他的准则

在别人说话时，你也需要给对方尊重和全部的注意力。经过多回合的交流后，最理想的结果是相互妥协，让双方都得到部分想要的东西。下面提供一个范例：

"我刚听你说,准时赴约对你来说很重要。不过,有时候我真的不知道一些工作会议会开多久。"

"这样会让我感觉被放了鸽子,我会感到很失望、很沮丧。"

"但我实在控制不了这些会议在什么时候开完。"

"这些会议一般在什么日子开?"

"周二、周四和周六。"

"假设我重新安排一下行程,我们在周一、周三和周五见面,你能不能准时到呢?"

除了那些具体的事件会惹人生气外,你还可能因为受到不公正的对待而愤怒不已。这些不公正的对待可能是因为你的肤色、性别、年龄、社会阶层或者民族。在这里,我们提供了一些其他的准则,你可以在思考有效应对方式的时候作为参考。

《愤怒的艺术》是一本讨论如何改变亲密关系模式的书,作者哈丽雅特·勒纳是一名心理治疗师,她认为女性的愤怒是让她们保持自身真诚和完整的标志。在书中,她对遭受区别对待的女性提了一些建议,这些建议也同样适用于受到不公正对待的其他人:

√如果你的愤怒是有正当理由的,那么你的愤怒值得自己的尊重和关心。

√表达你想要什么,而不是单纯发泄怒火。你的首要目标是让自己清楚:"我是谁?我想要什么?什么是我应得的?"

√你需要直接告诉惹到你的那个人,你对他感到生气。

√如果升迁的路上受了些怨气,坦率地利用合理的渠道来处理。

√不要藏着掖着。

让我们举个工作场合的例子。你的上级把所有的肥差都给了你们部门的另一个同事。在之前所有的任务中,他对你完成的报告都很满意,有时候会夸你做得很好。你告诉他,你已经准备好接受更大的挑战了。但你接到的任务依旧很不起眼,你的其他同事都得到了能证明他们能力的机会。

不必和你的同事抱怨,试着和你的上级谈谈。如果他不解决你的问题,说得再清楚一点。让你的上级知道如果你没有得到更好的任务,那么你会向他的上级汇报来寻求机会。如果他还是没有帮你,是时候和他的上级聊聊了。

在你运用"坚持自己的立场"这个策略的时候,通常你会对他人有一些诉求。大多数人面对你尊敬的态度和坚定的主张时,会回以比较积极的反馈。但有些时候,不管你如何坚持自己的立场,对方都不愿意改变。最终不管你技巧多么高超,你还是没办法控制别人。有时,你得不到自己想要的结果。

在失败后,你可以想想其他的选择。从你的角度看,这个情况值得你试一试，但如果结果没那么重要，那么你永远可以在尝试失败后放弃改变他人。你也能试试原谅他人（第15章）或者找一些转移愤怒的退路（第4、5、6章）。

如果结果很重要，那么你可能会想再坚持一下。记住你永远可以慢慢升级你坚持自我的程度。一个简单的请求可以变成一个共情式的请求，下一次可以升级成分享你的感受的请求，并同时提醒对方他们的行为将造成的后果。

在第19章中，我们会深入讨论如何对待敌意水平较高的伴侣。

为什么这个策略有效

恶语既会伤人心，也会引来报复。你在坚持自己的立场时，需要专注于你需要什么和想要什么上，而不是激怒别人，同时让自己生气。

坚持自己的立场能让你很快从愤怒的生理反应中解脱出来，转向目标导向的行为。

弗吉尼亚能有效捍卫他人的（哪怕是陌生人的）权利。她在工作中没那么好说话，交朋友也并没有那么温顺。但当一个她欣赏的人或她的家人试图控制她的行为时，这些人往往能达成目的。现在她学会了坚持自己的立场的策略，在面对这些事情的时候，她更加得心应手了。下面会举一些她用这个策略和雷德福交流的例子。

√ "你对我开车时的建议并没有任何帮助。"（第一次）

√ "我希望你不要给我驾驶方面的建议。"（第二次）

√ "如果你还想坐在我的车上，麻烦你不要再指导我该怎么开车了。"（第三次）

√ "我想自己做意面，我不需要帮助。"

√ "我们是要自己吃最大的那块还是和对方分享？"

√ "让我们先分工，各自写一半的章节，你想要写哪几章？"

√ "我想要慢慢喝半瓶酒，而不是一口气喝完。"

√ "你知道我们需要尽快完成这本书的草稿。周末你想什么时候讨论我们接下来的计划？"

当雷德福需要与从北方搬来杜克大学的同事们打交道的时候，坚持自己的立场的技能变得很好用。在很多情况下，雷德福觉得不拘小节的纽约风格措辞对他来说像是一种人身攻击，他也曾经因此感到很受伤。

他的新同事在加入杜克大学之前可能就认识他了，有一次又跟雷德福说他的某个建议"实在荒谬"，雷德福觉得他是时候做些什么了。

他的第一反应是用差不多的态度回应，比如说"你的基金申请也烂得不行"。雷德福在南方生活，这话在他听起来攻击性太强了，不是一个友好态度的坚持自己的立场的策略。

幸运的是,他控制住了自己的情绪,使用了我们本章描述的策略。

"我真的很看重你的意见,"他告诉同事,"我也知道你真的很想帮我。"

"但是,"雷德福继续说,"当你告诉我我的想法很荒谬,我感觉自己像是个连流畅表达想法都做不到的傻瓜。这些话还是从你这样一个好朋友,一个我尊重的同事嘴里说出来的,这种感觉让我很不开心。"

"因此,我希望将来如果你觉得我的某个建议表达得没那么清楚,你可以给我机会再阐述一下,而不是说它很荒谬。如果你能做到,我会感到没那么受伤,我们也能搞明白怎么交流会比较好,我们友谊的小船也能像我们希望的那样轻轻游荡在水中。你觉得呢?"

当然,如果雷德福当下能意识到他朋友的评论只是南北方表达方式的差异,而不是人身攻击的话,他就能用包容的策略,这个策略我们会在第14章中讨论。

坚持自己的立场的步骤

判断这个情况对你来说是否值得花精力处理,你或者你想保护的人是否真的受到了不公正的对待,你是否能用有效的方式改变这个情况。

判断一开始你需要用到下面哪些坚持自己的立场的方式：

你可以言简意赅地请求；

你可以描述对方哪里做得不对；

你可以共情对方；

你可以提醒对方之前答应了你什么；

你可以阐述自己的感受；

你可以描述对方坚持不当行为的后果。

观察对方的反应。如果对方同意了你的请求，或者你们相互妥协了，那么恭喜你自己，也感谢对方配合。如果你试过了上面描述的所有方式，还是没法解决，那么你需要重新考虑其他的策略。

你能既往不咎，原谅对方，转移自己的怒意；你也可以重复上面描述的方式，逐步升级你坚持自己的立场的方式。

练习

想象你在接下来的情形中会如何坚定回应。

A. 你在作报告，底下的听众打断了你3次，问了个无关紧要的问题。

B. 你在厕所排队，觉得有点憋不住了，但有人插了你的队。

C. 你的孩子作业丢了，老师让他给你带一封信询问情况，他故意"忘了"。

D. 你昨天已经跟孩子沟通了让她收拾自己的卧室，但她今天还是没有收拾。

E. 家电维修服务人员不想告诉你确切的上门时间。

F. 你得知孩子所在学校的体育资源很少，更繁荣的地区的学校的体育资源能有两倍多。

G. 你对下列美国和欧洲儿童医疗卫生情况的比较结果感到恐惧、生气和羞愧。

√在所有的年龄段中，美国的儿童死亡率比欧洲高，其中差异最大的是1~4岁和15~19岁的年龄层。

√美国学龄前儿童免疫接种率比欧洲低。

√美国儿童比欧洲儿童更少接触到常规的医疗护理。

√美国儿童比欧洲儿童在受伤后死亡的概率更大。

在你的愤怒日志中挑一些你对他人的行为感到生气的例子。列出你会怎么用本章学到的方法来回应。

帮你改善人际关系的妙招

别人的行为常常让你不高兴吗？带着问题看看你的愤怒日志。这很有可能是导致你愤怒的因素。

接下来 8 个章节的目标是改善你和他人的关系。如果你成功了，你的愤怒情绪就会减少，你的身心压力就会减轻。

当你开始观察别人有什么不当行为，你一定能找到一些。所以你应当培养对外界的钝感力（练习相信他人，第 11 章）。在特定情况下，你甚至需要学习如何原谅那些无法善待你的人（第 15 章）。

不受他人的影响，坚持自己的主见。换句话说，你需要开始试着建立积极认知。你要学着成为一个更好的倾听者（第 10 章），更能与别人共情（第 13 章），更包容（第 14 章）。这些策略会帮助你减少你的愤怒日志中的条目。

经过不断练习，你能学会如何关心他人。宠物（第 9 章）、社区服务（第 12 章）和知己（第 16 章）会教你该怎么做。

这些策略会帮助你摆脱狭隘的自我关注，即只关注自己的兴趣、情绪、需要和观点。当你关注他人的能力提升，他人也会倾向于关注你的需求。到那时候，他人就会没那么容易惹你生气，反而会成为你快乐和充实感的来源。你不再孤立自己，自我消耗，而是积极享受社会支持和社交带来的愉悦，身体也会因此变得更健康。

第 9 章
照顾宠物

我想我可以和动物们一起住,它们温和又自治。

——沃尔特·惠特曼

谁是我最好的朋友?

基本原则

何时用这个策略

如果你觉得愤怒和敌意正让你在人群中显得格格不入,或者至少你被孤立的部分原因来自你对他人行为的悲观预设,那么可以饲养宠物,这样做可以帮你打破敌意在你身边筑起的层层藩篱。

养宠人士通常会很看重他们的宠物。大量问卷调查显示,48%~80% 的养宠人士觉得宠物是他们的家人。养狗人士平均每天花 150 分钟和他们的狗相处,养猫人士则平均每天花 86 分钟和他们的猫待在一起。与此同时,宠物对他们并没有过多的要求。如果你性情适合并有意愿,那么养宠物能让你有一个安全而不受打扰的机会,积极参与到一段互相信任、真

"等一下,多伦!如果你想走的话,你就走吧——但要把你的狗留下!"

诚付出的关系中，同时对方也并没有过多的要求。

如何用这个策略

第一步是选择合适的宠物。显然，那些活泼好动、情感外露的宠物需要你付出更多的时间和精力去照顾。

狗通常充满爱意，热情友善，聪明伶俐，乖顺听话。它们需要你积极参与到它们的生活中，关爱它们的日常。它们每天需要出门活动至少两次，定时投喂。你必须按照这个规则一周七天地照顾它们。即使你周末想出门，你也不能把狗留在家里，而是需要带着它与你一起，或者把它送去寄养，或者安排别人上门喂养它、遛它。虽然养狗看起来多有不便，但它带来的回报远远超出了这些不便，至少对大多数养狗人士来说是这样的。

相比之下，猫不需要太多的照顾，它们能适应在狭小空间中生活。它们喜欢小盒子，所以你都不用遛它们，它们的饮食习惯也和狗狗们完全不同。狗通常会把放在面前的食物全都吃掉，而猫能连续好几天，一点一点地吃掉碗里的干粮。因此，周末当你一时兴起想要外出的时候，你可以把猫留在家里。猫像狗那样充满爱意和忠诚，但它们也有独特的性格特质。跟狗相处的时候，你能明显感受到你是它们的主人，而猫会让你觉得，它们才是主人。每年几百万本关于猫的图书证明，对于爱猫人士来说，这样的相处方式并不存在什么问题。

其他的宠物，比如鱼，需要的照顾更少，同时也能提供一些回报，但不如你跟猫狗相处的时候的互动多。我们家养过猫也养过狗，它们都给了我们巨大的回报，但这并不适用于所有人。我们认识的一对住在旧金山的夫妇——一个是律师，一个是医生——在30年的婚姻中养了很多豚鼠。对他们来说，豚鼠是理想的宠物。

看看关于狗、猫、鸟类、啮齿动物、鱼或者其他任何吸引你的动物的书，都能帮助你了解它们的特征和养育方式。

一旦你决定养某种宠物，请三思而后行！一种低风险的尝试方式是周末帮朋友照顾他们的宠物，我们强烈推荐你试一试。很多参加我们工作坊的人抱怨说他们觉得养宠物很麻烦，也没有被宠物治愈。

我们上一次养的狗是一条经过训练的成年犬，这帮我们省去了很多麻烦。我们当时联系了当地的犬业俱乐部，拿到了一份不同品种犬类的渠道商名单。最终我们锁定了一个养赛级惠比特犬的兽医。我们挑选的狗已经打全了疫苗，它被训练得乖顺有礼，对我们那时候还年幼的孩子也很有耐心。因为上一个主人想要洛莉有一个好的归宿，而大部分买家在选择宠物时更喜欢幼犬，所以我们用一个合适的价格就得到了它。我们避免了驯服它的过程中的所有麻烦，没有经历过幼犬拿我们的家具磨牙的过程，就得到了一只完美的宠物。

为什么这个策略有效

宠物除了需要喂食和其他一些日常照顾以外，不会对你有过多的要求。同时，它们会给你无条件的爱。我们的第一只猫尤妮是我们家的一分子，它常常贴在雷德福身边，用它的粗粝的舌头温柔地舔雷德福的手臂。但它并不会要求什么回报！这帮助雷德福坚定了信念，让他相信他也可以和很多人相处得很好，但他们会以较为复杂的方式打交道。

宠物思维简单，情感也并不复杂，我们很容易就能发现它们的行为和人类很不一样。

照顾宠物也能更好训练我们关爱他人的能力。

养宠物需要身体接触。如果你的宠物是哺乳动物，你可以抚摸你的宠物，它也会蹭蹭你。这个过程就非常抚慰人心，也能帮助你练习如何与人打交道。另外，和动物接触也能帮助我们建立人与自然之间的联系，这样的联系在现代社会中显得越来越稀缺了。

除了这些理性的考量，许多研究成果显示，养宠物这一行为会让人的身心变得更健康。在詹姆斯·林奇的《心灵的语言》中，他阐述了3项生理学研究，展示宠物陪伴对健康的益处。其中一项研究调查了马里兰大学附属医院的冠心病监护病房。在住院治疗期间，所有的受试者都经历过心脏病或严重心绞痛。在为期一年的追踪调查中，在没有养过宠物的病人中，有28%去世了。同时，在养宠物的病人中，只有6%

去世。部分原因可能是只有恢复得好的病人才有精力养宠物。但哪怕考虑了整体的身体情况和冠状动脉疾病的程度，养宠物还是能提高病人的存活率。

在林奇的另一项研究中，他测量了36名9~16岁的儿童在休息和阅读时的血压。他们的血压会在阅读时上升，但如果周围有一只友善的陌生小狗，他们的血压就会上升得没那么厉害。如果小狗从开始的时候一直在场，那么其治愈效果就会更显著。

一项研究调查了带宠物在宾夕法尼亚大学兽医诊所等待室的主人的情况，研究者们测量了宠物主人的血压。当他们和研究者聊天的时候，血压往往会上升。相反，当他们和宠物交流的时候，他们的血压会保持平稳，甚至会下降。

一些关于养老院的研究发现，鼓励老年人关爱、照顾宠物能让他们更有活力。

动物也能从与人的积极交往中获益。有人类在场的时候，特别是他们轻拍小狗的时候，狗狗的心跳会变慢。当一个人走进房间的时候，它们的冠状动脉中的血流量会增加。人类的安慰可以在一定程度上减轻电击对狗的心血管系统的影响。因此，养宠物对主人和宠物的健康都有益处。

在杰克·伦敦的书《野性的呼唤》中，有一条几乎是文学作品中最勇敢最忠诚的狗——巴克。主人公约翰·桑顿救了巴克的命，巴克也因此成了桑顿的狗。他们之间的深厚情谊直到桑顿死去才被迫中止。

这个男人救了它的命,这确实很重要,但更重要的是,他是理想中的主人。别人觉得养狗带来的好处在于狗很有责任感,或者是方便做生意。但桑顿情不自禁地把狗当成自己的孩子一样看待。他显然看得更长远。桑顿从不吝啬给巴克友善的问好和欢快的鼓励,他会坐下来和它进行长时间的交流(桑顿叫它闲聊),彼此都感到很快乐。他会用自己独特的方式把巴克的头捧在手上,把自己的脑袋枕在巴克身上,把巴克摇来晃去,叫一些奇怪的称呼(但对巴克来说,这些称呼都是桑顿对它的爱称)。巴克觉得最快乐的事情,是桑顿的熊抱和呢喃低语,每次巴克上蹿下跳的时候,看起来它喜出望外,心脏都要跳到嗓子眼了。当桑顿松开绳子的时候,巴克一跃而起,嘴角咧开,目光炯炯,喉咙低鸣,站立不动。每当这时,桑顿会不由得惊呼:"天哪!除了说话,你真的无所不能!"

巴克会用类似伤害人的方式来表达爱,这是它的小把戏。它常常会叼住桑顿的手,狠狠咬下去,让桑顿承受一会儿咬合的压力。就像巴克理解桑顿的呢喃低语是充满爱意的话一样,桑顿也理解巴克假装咬他的手,是一种爱抚的方式。

大多数时候,巴克对桑顿是充满崇拜的。在桑顿抚摸它或跟它说话的时候,它开心坏了,但它从不主动寻求这些抚摸和沟通。它喜欢长时间地躺在桑顿的脚边,望着他的脸,机敏的眼神中流露出渴望。它仔细端详着桑顿,热切而饶有兴致地研究他的每一个转瞬即逝的表情、每一个动作。有时候它会躺卧得比较远,在桑顿的身侧或身后,远远看着他的身影和偶然的动作。一旦巴克凝视桑顿,桑顿也会转过头,远远望着巴克。他们相对无言,但他们的眼神中都映照着彼此的真心。

巴克和桑顿的友情真是太令人羡慕了!

养宠物的步骤

A.产生这样一种想法,即当你有了宠物的陪伴后,你与世隔绝的孤独感会减轻。

B.思考你能投入多少时间和精力。做些功课,研究不同动物的习性。对于你想要养的宠物,试着养一个周末,然后再决定要不要养宠物。

C.把宠物当成一个朋友。珍惜它不求回报的爱意,并报之以同样充满爱意的关怀。耐心对它,接受它给你的回报。你会发现你关爱他人的能力也慢慢增强了。

练习

如果你已经有了一个宠物,那么你可以跟它熟悉起来。

如果你没有宠物，但正在考虑养一个，那么你可以从图书馆借一些书来看。比如，吉诺·普涅蒂的《狗》已经出了纸质版，书中有324个品种的狗的图片和描述。

如果想要了解为什么养宠人士喜欢猫或者狗，你可以读读关于这些动物的文学作品。在《横越美国》中，约翰·斯坦贝克生动形象地描述了他和狗狗的亲密友谊。在艾略特的诗集《老负鼠的猫经》中，作者更喜欢远距离观赏猫咪的行为。

第 10 章
倾听

我们有两只耳朵、一张嘴，所以我们要少说多听。

——芝诺

基本原则

何时用这个策略

倾听的策略会让你的注意力集中到别人身上。大多数敌意程度高的人除了愤世嫉俗，也常只专注于自己。长期专注于自己，以及有想要控制一切的想法，是因为敌意程度高的人群缺乏对他人的信任，他们只相信自己。因此，他们的大多数对话只是用"我""我的"作为主语。这种对他人缺乏信任，以及与之相伴的以自我为中心的特点，导致敌意程度高的人群不会花精力注意对方的所想所为。

他们一般不倾听对方也不试图理解对方，而是忙于把注意力集中在自己的想法上，计划接下来说什么。

"布拉德，我们得走了。"

这就是为什么和敌意程度高的人对话令人非常沮丧，他们只在意自己的想法，并不试图吸收他人的观点，他们会在对方说完之前就打断他们。敌意程度高的人有时候会预料到对方接下来想说什么，这让对方觉得被冒犯。有一次，专栏作家乔治·威尔的同行评论员威廉·巴克利试图帮他说完他想说的话，乔治说："比尔，对于我想说的话，我自己是不是世界上最厉害的专家？"

哪怕敌意程度高的人的回复和对方说的话有关系，回复的内容往往也会转回他们自身。当他们听到一个朋友的孩子或孙辈和班里的同学一起去了华盛顿玩之后，他们可能会打断对方说："让我告诉你我外甥两年前去法国旅游的事情。"

敌意程度高的人群在信息收集、做出判断、提出建议的过程中仅专注于自身，缺乏实实在在地注意对方到底在说什么的能力，这是愤怒情绪贯穿于他们生活中的主要原因。这能解释为什么贝尔富特会用面试时的身体语言判断受试者的敌意程度。

为了避免愤怒升级，让人产生更加积极的情绪，你仅仅需要多去倾听。

如何用这个策略

开始你只需要倾听。当对方在说话时，看着他们的眼睛，充满兴趣，身体微微向他们倾斜，表情积极，千万不要打断对方，永远等到对方说完之后再说。

刚开始，你无法做到一直关注对方在说什么。你的脑海会一直被你的想法如何关联到对方说的内容占据。别对此感到惊讶，这很正常。重要的是控制住自己打断别人阐述其巧妙想法的冲动。相反，你要把注意力从你自己的想法转移到对方在说的内容中。

你可能会觉得这里描述的和冥想策略很像。是这样的，你确实可以把倾听当作冥想的一种形式。冥想是把注意力放到你的呼吸上，每次呼气的时候重复一个字或词，而在倾听的时候你的注意力却是在对方和对方说的话上。当你的注意力回到你自己的想法的时候，和冥想同理，不要让这个情况困扰你，让你的注意力重新回到对方身上就行了。

你只要做到这一点，其他的都会自然呈现。

你会慢慢能理解对方表达的字面意思和内涵。当对方在说自己孙辈的学习成绩有多好的时候，你不必打断他，你可以试着等对方说完，然后惊叹："哇，真是太棒了！我知道你一定感到很骄傲。"

想成为一个好的倾听者，你得避开一些陷阱：不要评头论足；时常注意你的想法；一旦你想评判对方，就在心里对自己大喊"停下！"，然后立马把注意力集中到对方在说什么上。

对方说的话，哪怕是一些客观的信息，也承载着重要的情绪。你不需要判断什么是非曲直。不要把对话变成盘问。

听了一会儿以后，你可能觉得自己掌握了充足的信息，并且有了好建议。抑制那些分享自己智慧的冲动吧！你可能还缺失一些必要的信息，也还没理解对方传递的情绪。哪怕你是对的,对方也可能并不需要你好心提供的建议。对方需要的可能只是你的共情,而不是你提供的解决方案。你可以晚些时候再给建议,现在先不要急着说出来。

最后,如果对方说完了,你可以聊聊你都听到了哪些内容。最简单的方式是按照你的理解用自己的语言说出刚才对方表达的内容:"你说的是……?"

在某些情况下,你可能想问一些问题来弄清楚,然后总结一下。

在一开始的回应之后,你需要仔细听你理解的内容和对方说的是不是相符。如果不相符,你之前的回应让对方明白了他或她需要再解释得更清楚些。这样的话,一旦你完全理解了,对方就会明白,然后让你说你想说的。

做一个好的倾听者并不意味着你不能成为一个好的表达者。其实你会发现在你倾听对方说完之后,对方也会愿意听你说的内容。记住要让表达的内容贴合你们讨论的话题。

倾听会改善关系。当你复述你听到的内容时,你其实在传递一个重要信息:"我在听,我明白了你想说什么。"

为什么这个策略有效

心理学家拉里·舍维兹发现,以自我为中心的人会比其他人得更严重的冠状动脉疾病。他研究了 150 个因为心脏疾病或者心脏病发作住院的病人,在结构化面试中统计他们用

"我""我的""我自己的"这些词或短语的频率来判断他们是不是 A 型人格。他发现,那些有更严重疾病的病人答案更长,提到自己更多。

舍维兹的发现在刨除了年龄、血压、胆固醇和 A 型行为后依然有效。他也控制了疾病本身对结果的影响,因为他发现,相关性在之前从未有心脏病发作和心绞痛的病人中更强。

敌意程度高的人往往不相信他人,更习惯以自我的想法为中心。学会成为一个好的倾听者,你能避免成为井底之蛙,而井底之蛙只在意自己的想法。

倾听是保证成功、保证万无一失的方法。开始的时候,你得强迫自己闭上嘴,倾身向前,专心看着对方。这个简单的类似冥想的行为方式会随着时间的变化而变得越来越容易,你只要关注对方。每次当你的思维开小差,就把它重新带回到对方说的话上,慢慢地,你不仅会听到对方说的话,你也会理解这些话的含义。

倾听既能减少争吵,也能让对方感受到与你更加正面的互动。因此,倾听是一个正反馈的过程,对方也会享受你的陪伴。

除了能让你降低敌意程度,成为一个好的倾听者还对敌意程度高的人有其他长远的好处。你还能听到并吸收别人提供的知识,学到新东西。

这些好处自然不是我们的新发现。早在 2000 多年以前,犹太智者就告诫过我们:"沉默于智者有益,于愚者更是大有助益……当愚者保持沉默时,他亦是智者。"(《圣经·箴言篇》)孔子也告诫我们:"君子欲讷于言而敏于行。"(《论语·里仁》)在他人说话时保持沉默,会给别人尊重他人的印象,也能增长我们的智慧。

雷德福和他的妻子热爱工作,也喜欢告诉对方他们在做什么。20世纪80年代的早期出现了一个问题,雷德福对研究成果显示了敌意的重要性非常兴奋,他的太太弗吉尼亚也有了新的工作。他们每天回到家,就会闲聊一会儿。但弗吉尼亚发现她在对话中根本没办法插嘴,她觉得雷德福一直在打断她,不听她到底说了什么。一旦她开始聊她的工作情况,雷德福就会打断她,把话题转回他自己的工作。

弗吉尼亚心里的怨气一直在增长,慢慢地,她在雷德福说话的时候开始走神,这让雷德福很生气,他觉得妻子一点都不想听他感兴趣的话题。有几个月,他们彼此都觉得得不到对方的理解和欣赏。有一次他们和对方分享自己的感受,想出了一个暂时的解决方案。弗吉尼亚会先用5分钟说她想说的,雷德福必须在这段时间专注地听她说。然后轮到雷德福说,弗吉尼亚听。

在雷德福的工作坊中,往往会包含倾听练习。比如,参与者会两两一组,每个人有5分钟畅谈他们想说的任何事情,对方不能打断,需要专心倾听,然后复述他们听到了什么。

工作坊的参与者都对这个练习感到很惊喜，因为这个练习让他们感到自己被关注被倾听。

参与者通常会评价对方有意思、可爱。不论他们是复述别人发言的倾听者还是诉说者，都对对方有积极的评价。这个简单的小练习甚至还能促成姻缘。

我们让工作坊的参与者回去后和陌生人练习倾听策略，一些参与者在下一次来工作坊时给了我们积极反馈，比如他们交了新的朋友，对方也更接受他们了。

倾听的步骤

在和他人的对话中，你要慢慢改掉已经养成的习惯，减少关注自己在对话中被激发出来的联想和思考，转而专注于提高自己倾听的能力。

和别人对话时，强迫自己保持沉默，把身心的注意力全都集中在对方身上。在说自己的想法之前，先向对方复述一遍你听到的对方的观点是什么。这样，对方就会知道你理解的是不是有偏差。

当你开始用这个策略的时候，你可以注意一下这个方法是怎么改变你的人际关系的。恭喜自己取得了这个小小的成就。随着时间过去，你理解他人语意的能力提升了，你会发现新世界的大门向你敞开了。

练习

在和以下的人群相遇时,试着挑选一些场合来练习倾听的技能:

A. 陌生人

B. 朋友或同事

C. 孩子或父母

D. 伴侣或好朋友

在每一次练习之后,试着复盘一下,对比运用倾听的技巧和以自我为中心在这个对话中会有怎样不同的结果。

和你的搭档一起练习,每个人说10分钟。一方一边说一边计时,另一方只是全神贯注地倾听并保持沉默。两方轮流发言。在这个练习中,你不用认真思考你到底听到了什么,只是倾听就可以了。

如果你和你的倾听对象不久后又会见面,试着记下那些对方说的比较重要的内容。在下次见到对方前,复习一下你的笔记,在对话中表达你对这个话题有持续的兴趣。由于你更多地关注了这个话题,表达了对这个话题的兴趣,对方会觉得被倾听、被重视。

我的基因构造阻止了我停下来去问路——这就是原因!

第 11 章
练习相信他人

我们的目标是循序渐进,而不是做到完美。

——雷德福和弗吉尼亚

基本原则

何时用这个策略

敌意程度高的人降低自己敌意程度的主要障碍之一是怀疑他人。他们觉得别人都很自私、刻薄、蛮横,所以敌意程度高的人在日常生活中都倾向于靠自己解决问题,哪怕在鸡毛蒜皮的小事上也是如此。哪怕是在海鲜市场挑一块金枪鱼排,他们也不想假手他人,因为害怕结果不好。这种恐惧会在他们处理个人、群体甚至国际关系问题的时候显得愈发严重,就好像他们脚下有一道开合门,会在他们错信他人的瞬间开启,让他们掉进一个尽是饥饿短吻鳄的陷阱里。

如果你能学会信任他人,你就能忽略那些时常出现的、令人疲惫的警觉心——别人可能做错了什么。你会发现你越来越少觉得别人言行不妥,你自己暴怒的次数也越来越少。克服你对他人的不信任是控制敌意的一个极其有效的方法,但它很难做到。你可能没办法完全成功。但在这一章中学到的技巧,能在很大程度上帮助你克服恐惧。

如何用这个策略

强迫自己摆脱想要控制一切的想法。你可以从那些你觉得无关紧要的场合开始。这一次你可以不事事上心,尝试让别人来掌控事情的走向（比如让别人帮忙挑一块金枪鱼排，飞机选座，把沙拉拌匀，开车，或者其他事情）。

大多数情况下，事情并不会走向灾难化的结果。而且某些情况下，事情的结果可能会比你亲力亲为更好。试着把事情从你手头上交接出去，不要觉得每时每刻你都需要担起人生中桩桩件件的责任，你也不需要事事都亲力亲为。

不要认为这些做起来很容易。一旦你放弃掌控事情的走向，你很可能会对别人吹毛求疵，对事情焦虑万分。但当你尝试得越来越多后，你的焦虑会慢慢消失。

接下来，你可以试着在一些更重要的场景中相信他人。让你的伴侣挑选你的生日礼物，让别人挑选餐厅。如果你通常是自己做饭，那就试着让别人来帮你做。当你能让你的伴侣在没有你的指导下开车或者做饭时，你就知道自己有了明显的进步。

压力可能会影响你的进程，这是正常的。

相信我，信任别人、把事情交给别人，是敌意程度高的人迈向解放自我的关键一步。开始时，你可以在小事情上信任你的伴侣，最终过渡到与之分享内心深处的想法，这些信任能帮助我们提升婚姻关系的亲密度。同时，练习相信别人也能改善你和他人的关系。

为什么这个策略有效

敌意程度高的人对相信别人这件事往往会感到恐惧。一个卓有成效的行为矫正方法是系统脱敏法。你需要让自己暴露在恐惧的环境中，然后慢慢强化这个环境，当担心的后果（开合门及短吻鳄陷阱）并没有发生，你会渐渐了解在这些情况下，你不用感到如此恐惧。

洛马林达大学的吉姆·亨利是研究大脑和行为关系的著名研究者之一。弗吉尼亚时常和他在共同感兴趣的问题上进行交流。在最近的一封邮件中，她提出生物本能可能会允许自由选择。如果我们的大脑由进化中的遗传信息组成，对于刺激，我们可能会有不同的反应。如果我们不思考这些反应的优劣，我们就能让生物本能自由选择。

吉姆针对弗吉尼亚的思考进行了更深层面的推断，觉得我们的某些行为模式（如愤怒、恐惧、绝望），是由古老的爬行动物大脑决定的（脑干和边缘系统）。这些系统是自我保护行为的基础。

得到进一步进化的哺乳动物的自我保护行为有：忠诚、亲子关系、说话和玩耍。敌意的程度一般表现了哺乳动物感受到威胁和不安的程度。吉姆觉得这就像处于这样一种状态：情感表达出现障碍。根据吉姆和弗吉尼亚的推断框架，成功迫使自己相信他人能让人摆脱受到威胁和不安的感觉，从而不让自己被脑干和边缘系统摆布。

相信他人，也有一些显而易见的好处。大多数时候，放弃掌控一切并不像你担心的那样，别人挑选的金枪鱼排也不错，你也会安全到达目的地。只要不经历那些糟糕的结果，你对相信他人的后果的担忧就会慢慢消失。相信他人也能让你从强大的社会支持中汲取能量。不久以后，你会更容易在更大的事情上相信别人。

想象那些国与国之间的不信任。有多少国际矛盾和冲突是因为每个国家都想占主导地位导致的？认为别国居心叵测的情况又是多么常见呢？

相信他人的步骤

回忆一些在无关紧要的情况下你也想掌控局面的例子。

下一次你处在上述情况下时，不要像你惯常的那样试图主导局面，而是把选择权交给别人。

当你让他人占据主导权的时候，那些你预设的可怕场景并不会发生。尝试在类似的情况下尽可能多地相信别人。慢慢地在更重要的场合相信别人。

练习

列出一些你倾向于自己处理的事情。仔细审视这些事，挑一些来交给你的伴侣、朋友、同事或孩子。

作为延伸,从国际角度思考问题。思考你对他国的态度有哪些不是其行为导致的,而是你的悲观预设和猜疑所致。

第 12 章
服务社区

如果我不为自己，谁来为我？如果我只为自己，我又是谁？如果不是现在，那是何时？

——希勒尔

基本原则

何时用这个策略

缓解你的孤立感受的一个方法是把时间投入到公共服务中。当你开始为社区服务，你便和他人加强了连接。

通过服务社区，你在现实生活中做了一些利他的事，提高了照顾他人的技能。你不仅能帮助其他个体或者群体，而且能学到关爱他人的方式和培养共情的能力，从而降低你个人的孤立感。

如何用这个策略

艾伦·路克斯是一名专职的志愿者协调员,他在《行善的治愈力》中,给了那些想成为志愿者的人如下建议。这些建议能增加助人者提供的帮助的有效性,同时有助于提高助人者的身体健康水平和心理健康水平。

√寻找那些能跟受助者面对面交流的场景。

√寻找那些一周能提供两小时一对一帮助的机会。

√尝试帮助陌生人。你不会觉得压力很大,而且这些和陌生人的接触能帮你打破"我们"和"他们"之间的界限感。

√寻找那些你更容易共情的受助者。

√寻找一个能提供支持的正规组织,这个组织能让你接触到陌生人,给你合理规划,并让你体会到团队协作的感觉。

√找一个能让你施展技能的社会服务,或能帮你获得你需要的技能训练的社会服务。

√努力去交流,去提供帮助。你需要从身心上踏出舒适区,扩大自己的活动范围。

√暂时忘掉你的付出和你期待什么样的回报。你需要单纯享受你和受助者连接的感受和过程。

显然,帮助那些无家可归的人比在学校图书馆帮忙能让你听到更多令人心碎的故事。连续半年每周抽一个晚上做志愿者会比随意出现更能把你和社区服务绑定。考虑一下路克斯提到的行动指南，想想你的偏好，再决定一开始你要投入多少。当你准备好了，在你的社区里找一些你感兴趣同时也符合你投入精力程度的活动。考虑实际情况，做一些努力，但尽量避免花去比你意想中更多的时间，也不要加入有你讨厌的人或害怕的人的活动，否则你会得不偿失。

本章的末尾提供了一些初始的练习，以帮助你思考可能的选项。你可以选那些自己感兴趣的项目。

在读了这些选项后，看看当地有哪些你感兴趣的社区服务机会。在美国，有些机构会帮助志愿者找到组织。你可以联系志愿者中心，让其推荐相关组织和活动。你也可以去图书馆查询相关社区服务机构的名字、地址和电话号码。

一旦你了解了当地的志愿选项，你可以联系一两家来获取社区服务信息。你可以参观其运营场所，观察其组织的活动，问你感兴趣的问题。当你准备好的时候，你就可以参加志愿服务了。挑选少数你想参加的活动，一旦你的第一志愿未能如愿进行，你还可以根据第二志愿参加活动。

当你在感兴趣的群体参加志愿活动时，试着练习之前提到的策略——倾听、共情、包容。

享受收到的所有正反馈。你所在的群体正在帮助有困难的人，你也可以从中获得社会支持。恭喜你，你超越了个人需要，开始体恤他人的需要，并正在做一些实实在在的事。

为什么这个策略有效

我们可以在系统的志愿活动中展现自己乐于助人的形象。来自斯坦福大学的菲利普·津巴多教授主持了著名的斯坦福监狱实验，这个实验展现了这种"强加"形象的巨大能量。为了研究监狱的影响，研究者在模拟的监狱环境中进行了一系列实验。一部分受试者承担了监狱管理员的身份，另一部分受试者承担了囚犯的身份。没过多久，"监狱管理员"变得越来越残忍，而"囚犯"退化到了依赖他人的孩童模式。所有受试者的行为都发生了巨大改变！同样，当你承担起助人者的角色时，你也会慢慢成长成角色要求的样子。

利他能帮助你更长寿。通常情况下，与他人交往和活得长久之间存在关联。社会学家詹姆斯·豪斯和他在密歇根调查研究中心的同事曾经对密歇根特库姆塞的2700人进行了采访和体检。这项调查持续进行了10年。在控制了年龄和其他一些致死的风险变量后，那些每周参加不到一次志愿者活动的男性比那些更积极参与志愿者活动的人离世更早。对女性来说，寿命和志愿者活动的关系没有男性那么显著。

另外一项研究调查了3000多名志愿者，他们在问卷中回答了自己参与的志愿活动和健康情况。纽约精神病学研究中心和哥伦比亚大学神经学系的霍华德·安德鲁斯发现，在排除了年龄、性别和婚姻状况这些因素后，参与志愿活动和健康状态具有相关性。对那些经常参加志愿活动帮助陌生人的人来说，志愿活动对健康的助益最大。

心理学家卡伦·肯德尔和玛丽·贝丝·肯克尔想要调查那些花费了大量时间和金钱做志愿活动的人从中得到了什么。他们在俄克拉荷马乡村中通过面对面采访、问卷调查和电话面试的方式调查了19个过度投入的志愿者，他们都因为付出过多而感到精疲力尽。他们当中的14人需要精神指导。同样多的人表示，他们经常到了需要削减开支或者退出一段时间的程度。

这些志愿者投入了大量的时间和精力，他们又得到了什么呢？17名受访者表示，帮助他人对他们的形象有好处。同等数量的人表示，他们帮过的人也会帮助他们。9名受访者表示他们对自己的成就很满意，帮助他人也满足了他们的社会需求。所有的受访者都表示，当受助人对他们表示感谢时，他们觉得做志愿者让他们感到愉悦和满足。

虽然已经有一些理论试图解释这个现象，但是这些所谓的志愿活动秉持的"以助人为乐"的思想无法通过常理得到解释。其中一个合理的猜测是，志愿活动增加了社会支持的来源。

帮助那些不那么幸运的人对健康最有助益，因为它能有效控制人猜忌的感觉以及由此而来的愤怒想法和行为。不信任会让敌意程度高的人看其他人的目光都充满怀疑和鄙视："无家可归的人太懒了，都不找个工作。"又比如："大多数老人应该被关起来。"重新去深入了解那些我们曾经忽略的人群，这样做能帮助我们真正看清他们——他们和我们一样，也有希望、顾虑、需要、向往、短处和恐惧。

北卡罗来纳州的杜伦社区食堂给大概两百人提供了一日三餐。一群由员工、志愿者、法庭要求做社区服务的罪犯组成的团队完成了备餐、放餐和收尾清洁的工作。

我们从其中的几个员工和志愿者口中了解到，他们在工作中体验到了预想中的快乐和满足。

"这真是一个好工作。"我们问了以后，他又加上一句，"我喜欢喂饱有需要的人。"

"我在工作中用到了销售经验，我也从来不把工作带回家。进家门的那一瞬间，我就不想与工作有关的任何事情了。但在工作中我很享受。"

"上天在看着我。"

"我在生活中受到了别人的帮助。这是我回报的方式。"

"我教过我的孩子要参加志愿服务，所以我要给他们做榜样。"

"这让我接触到更多人。我在这里见到了很多不同的人，这很有意思。"

"我喜欢在这里见到的人。"

有时候，那些做社区服务的罪犯在工作中也获得了比自由更重要的东西。

"一直坐在家里看电视很无聊,出门做点事让我感觉更充实。"

"我觉得这些工作挺好的。"

"工作不是很多,每天做的事都差不多。但这里的人不错。"

"这些事没想象中糟糕,也没我想的那么难。这里的人确实很友善。"

参加社区服务的步骤

思考你是否需要通过社区服务来缓解孤立无援的感觉。

挑选一个社区并加入。

在做志愿服务的时候,练习一些在书中已经学到的降低敌意程度的策略。在和其他志愿者和受助者交流的时候,尝试提升你的共情技能。

练习

下面是一系列社区服务小组,如果你对其中的活动感兴趣(哪怕只是一点点),就在旁边画"√"。

家暴和虐待

领养

研究成瘾障碍

献血

大自然

照顾儿童（日托/晚托班，儿童发展需要）

环保

危机干预

发育障碍

救灾

养老服务

食品营养

听力障碍

家庭健康

居住需求

个人/家庭咨询

职业咨询/培训/实习

法律服务

医疗服务/医疗康复

心理健康服务

生理健康/安全/教育

回收/环保组织

临时看护

学校

服务社

青少年服务

交通

游客服务

辅导

志愿消防员和救护车医务员

视力障碍

女性服务

青少年项目/训练营

上面列出了你帮助他人的一些机会，这些人可能和你类似，也可能是社区里你很少接触的人。你接触的人群越广泛，你看到社会不同层面、接触到完全不同背景和环境人群的机会就越多。过去，你的敌意很有可能会驱使你忽略或讨厌这些人，但现在你有机会直接跟他们接触，并改变你负面的看法，从而变得更有同理心。

因此，我们建议你去参与当地的各种志愿活动，去自愿加入一个组织参与社区活动。这些活动最好是你感兴趣的。你可以投入合理的时间和精力，去接触那些你日常生活中很少接触的人。

第 13 章

提高共情能力

多大的脚穿多大码鞋。

——蒙田

基本原则

何时用这个策略

过去几个章节描述的策略能帮你更好地注意到他人。在这个基础上，你能提高共情能力，即体会他人的想法，更好地理解他人的动机，消除评判他人行为时的不信任感觉。现在，我们会直奔主题，告诉你提高共情能力的方法。

每次当你对他人的行为动机有负面预估的时候，就试试共情的策略。不管对方是素未谋面的陌生人、你见过一面的人、亲密的朋友还是家人，你都可以尝试这个策略。可能你孩子的老师只是因为第一次当老师压力太大，而不是一个本来就严厉的人？那个推着装满垃圾食品的购物车的家长是不是自己就是那么被养大的，因此忽略了营养配比？能不能试着了解让你的伴侣感到困扰的事情是什么，而不是消极对待他们的不悦情绪？

如何用这个策略

共情的策略是第3章描述的"理性辩论"策略的扩展延伸。在第3章中，你学会了和自己展开对话，劝自己摆脱那些狭隘的、非理性的敌意想法、感受和冲动，以及在暂无有效应对方法时产生合理敌意情绪。

你也能用这些和自己对话的方式来共情他人，在场景中代入他们的视角思考问题。

不要像过去那样简单预设他人的动机都是恶意的,试着共情,在脑海中想象那些可能让他们的行为变得合理的情况。比如,你在银行排队等待,排在你前面的女性动作很慢,试着想想合理的原因。可能她生病了,老了,没办法像她原来那样行动敏捷。这些想法会不会减少你对她的怒意呢?

又比如,你注意到了其他司机,但有时他们并不能像你一样眼观六路耳听八方。他们也可能没有反应得像你一样快。可能他们在开车时面临一些限制条件。当你想到这些他们驾驶技能的不足时,你对他们"开车不顾及他人感受"的怒意可能会减少。

现在试着拓展你的想象,想想别的国家。就像美国一样,别国也有它们自己的恐惧、优先级、国家目标。像我们一样,其他国家的人也有私人目的和公共诉求。试着把他们想象成你的家里人,思考他们的个人优先级是怎么样的。

每当你试图从他人的角度思考问题时,你就在训练你的共情能力。随着你的能力越来越强,你就会为你抵抗怒意的武器库里添上一件利器。

共情常常能让你不再对那些很少接触的人产生敌意的想法、情绪和冲动。你的敌意来自对他们的"恶意"动机的推断,而这些推断有时候是非理性的,你应当说服自己相信他们的行为也有其合情合理性。

随着不断练习，提升共情能力能帮你在某些场景，摈弃对他人动机的悲观揣测。当你能做到这一点时，你在与在意的人相处时就能越来越得心应手，就不容易无心伤害到他们。

最终，你可能也会认同，外国人不都是我们的敌人，他们也有自己的利益和目标。

当然有时候，你没办法合理化他人或他国的行为动机。可能是其动机并不合理，其行为是存在敌意的。在这种情况下，共情能帮助你判断是否是他人的敌意导致了你的愤怒。一旦得出这个结论，你就需要尝试别的策略。在这种特殊情况下，你可能需要坚持自己的立场和主张。

为什么这个策略有效

通过别人的视角看问题，你能叫停自己那些悲观预设。这些预设往往导致你产生有害健康的怒意，也会让你产生伤害人际关系的冲动行为。你对于他人行为动机的揣测只是你的个人想法，并不是别人真正的行为动机，你需要劝自己不要生气，别人的行为也有可能不是自私自利的，而是有理有据的。

同样重要的一点是，不要因为你错误的主观预设而迁怒他人，而是要让你的共情帮助你以一种更加友善、利他的姿态去对待别人，你会发现别人相应地也会对你更好。

共情并非消极对待他人，它是一种能令你更加积极健康的行为。20世纪60年代的一系列实验证明了这一点。三年级的学生在完成一项任务的时候对他们六年级的"帮手"感到很懊恼。之后他们被随机分配到不同的组来进行不同的任务，分别是相互攻击、谈天说地，或者是听研究者对六年级学生的行为进行合理解释。

懊恼往往让这些八九岁的三年级受试者产生了冲动的情绪，但最终他们被分配到的组决定了他们的冲动程度。那些被分配到相互攻击组的受试者被告知如果他们按下按钮，那些六年级的"帮手"会遭到小小的电击（但实际上并没有电击）。

哪怕那些三年级的学生选择了电击，他们的冲动情绪也并没有消解。同样，被分配到谈天说地组的受试者需要判断他们有多喜欢或者多讨厌那些"帮手"，评价后，他们的冲动情绪反而增加了。只有那些听到合理解释的受试者，在听到有助于他们共情的解释后，消解了他们的怒意。

在20世纪70年代的另一项实验中，研究者在男大学生进行一项任务的同时，测量了他们的血压。他们在进行任务时会受到一个粗鲁的、令人讨厌的测试者的骚扰。有些受试者会被提前告知，测试者只是对将来的一场重要考试感到紧张，其他的受试者则什么也没有被告知。即有些受试者被提前告知了这个骚扰是情有可原的，其他受试者则是在实验后被告知的。那些什么信息都没有得到的受试者血压变化大，而变化小的是那些提前得到了解释测试者行为的信息的。这个实验直接证明了共情能减轻个体在生物学方面付出的代价。

雷德福在婚后的第一个秋天开始了医学院的课程，弗吉尼亚也开始了第一份教书工作。时间很紧张，通常那些脏的床单和衣物会堆积如山，直到其中一个人——通常是弗吉尼亚把它们拿到洗衣房去洗。

有天晚上，弗吉尼亚讲了一天课，又把脏衣服拿去洗衣房洗烘。她赶在天黑之前从洗衣房回到家着急准备晚饭，所以在进门的时候把洗衣篮直接放在了厨房的地上。

雷德福那天很晚才从医学院离开，他到家的时候，晚餐中的意面酱差不多完成了。他走进门，简单和弗吉尼亚打了个招呼，然后走过了洗衣篮，篮子里装了折好的衣服，毛巾在最上面，还是湿的。

雷德福看上去有些不快。"毛巾还是湿的。"他指出问题后，发了一通牢骚，指责弗吉尼亚没有把活干好，然后他拿起篮子，冲回了洗衣房，把衣服拿去重新烘干。弗吉尼亚什么都没说，只是在雷德福离开时幽怨地看了他一眼。

在雷德福回来的时候，弗吉尼亚已经感到非常受伤和生气，洗衣房这事儿在她那里过不去了。而雷德福的心情也很恶劣，他对弗吉尼亚没有烘干衣服感到很生气，并且他又饿又累。这个晚上差不多毁了。

如果不是不信任别人，雷德福可能不会发现毛巾没烘干。

如果弗吉尼亚懂得坚持自己的立场，她可能有更好的办法阐述她的观点。

雷德福也可以选择共情，弗吉尼亚已经讲了一天课，下了课就立马去洗衣房洗衣服。他可以告诉自己，弗吉尼亚在到洗衣房之前可能就已经精疲力尽了，这样想能平息他的怒火。

他的观点可以从弗吉尼亚没有把家务干好转变为她有多累："可怜的人儿，你讲了一天课，又去洗衣服，一定累坏了吧。"

弗吉尼亚可以反驳说，她本来想要再烘干一遍，但实在是太累了。他们或许能在卫生间把那些快干的毛巾晾干，然后享受他们的意面晚餐。他们可以在休息好了以后再讨论，在特别忙的情况下要怎么抽空洗衣服。

但这是他们住在一起的第一年，他们还有很多需要学习的地方，比如共情、信任和坚持自己的立场。

提高共情能力的步骤

你要认识到很多时候你对他人行为动机的判断是不准确的，你需要增强你的共情能力。

一旦你发现他人的行为让你有了敌意的想法、情绪或冲动，就赶紧开启一段自我对话说服自己吧，别人的行为可能有他自己的理由，是合情合理的，而不是自私自利的。

每次你对他人动机的评判改变，敌意平息下来，你就离成功掌握共情能力更进了一步，恭喜你自己！

练习

在下面的情境中，和自己展开对话，为下述他人的行为各想出3个合理动机。

A. 在超市的结账队伍中，排在你前面的男人试图全部用硬币来付款。

B. 朋友没有在约定的时间来接你。当她终于出现的时候，她解释说自己刚接了一个很重要的电话，所以迟到了。

第 14 章
包容

> 文明人的标志是或多或少怀疑过自己的行为准则。
>
> ——奥利弗·温德尔·霍姆斯

基本原则

何时用这个策略

包容策略是给那些认为自己"永远正确"的人准备的，而我们大部分人总有时候会觉得自己是"正确"的。我们能做到倾听，也能做到公平。然而，我们往往没办法迈出最后一步——因为我们不能允许别人有不同的想法、做法和兴趣爱好。

如果我们做不到包容，我们就会把这些与自己不同的人判定为"言行不当"，并对此感到生气。

任何时候都包容也并不合适。保护自己和自己心爱的人是我们应该做的。当我们遭到侵犯时，生气是正当行为，也是维护自身利益和社会公义的有力武器。看到不公事件的时候，我们也要坚持自己的立场，投入时间和金钱，以对抗不公。

但在其他时候，我们更应该采取包容（或者说不带评判地接纳亲密的人）的态度。那些总是评头论足的人会在身心健康上付出沉重的代价。一旦他们觉得别人行为不当，他们就会疏远他人。这种行为越频繁，他们的疏远程度就会越强烈。这种行为导致的社交隔离，会增加他们的健康风险。

先听我说完再反驳。

可能你会对身边亲近的人评头论足,一旦他们不符合你的标准,你就挑剔指摘,怒火中烧。身边人的行为必须符合你的要求吗?不符合时就必须要生气吗?

我们总是倾向于坚持让身边人行事如我们所愿。可能你觉得你的伴侣应该更好地控制胆固醇和脂肪的摄入,不应该为了看了保龄球赛而放弃看青少年棒球联赛,不应该拒绝参加教会相关的服务,但他们并没有这么做,这让你很生气。一个充满意见的人永远想决定一切,他们想决定房子的整洁程度、伴侣的事业心,以及别人能不能放松。

可能你也想替孩子做决定。如果孩子没有拿到全A的好成绩,或者用了化妆品,把摇滚乐碟柜子弄得乱七八糟,你就会生气。或者你想替同事做决定。如果你没有以上针对熟人的行为模式,就把你在其他方面的控制欲列出来。

比如,你会对那些陌生人,甚至从没见过面的人挑三拣四。你会觉得看到或者听说的人天真可笑、愚蠢懒惰、道德败坏、无知且固执吗?他们应该意识到自己的言行很愚蠢,换一套行事的方式,但他们没有。他们在公共场合表现无礼,政治主张极端,宗教信仰错误。他们引起了国家之间的战争。你可以继续扩充你的"挑剔清单"。

针对挑剔清单中那些你觉得有理有据的怒意,用一用包容的策略,解决掉一些不必要的怒意,并在下次处于类似场景中的时候,接受这些人(人群)目前的行事方式。记住,每次练习这个策略的时候,你都在有效缓解你的怒意。

如何用这个策略

怎么做到包容呢?你要做的只是接受别人本来的样子,而不是让他们成为你希望他们成为的样子。

你已经知道如何在惹你生气的场景下搜集客观事实(第3章:理性辩论)。

你也明白了在所有的对话中如何倾听(第10章:倾听)。

你也会试着从他人的角度想问题(第13章:提高共情能力)。

现在再尝试使用所有的策略,思考下面两个问题:

1. 别人是坏心眼,还是他们觉得自己是好意呢?

2. 从对方的角度来说,他们的立场是不是合理?

你的问题并不是对方的角度是不是有理有据,而仅仅是,对方是否合理。来举个例子吧。还记得第8章中雷德福刚到纽约时和同事的对话吗?雷德福那时候坚持自己的立场,让他的同事改变了说话的方式,其实他当时也可以包容一些。

"当然,"雷德福可以自言自语,"萨姆如果觉得我的想法很荒谬,那这肯定没有道理,但我觉得从他自己的角度看,他说的话可能是合理的。不管怎样,北方的人总想听到生动的阐述,而不是南方这种克制保守的说话方式。他并不是故意这么刻薄地说话,这只是他正常对话的方式罢了。"

接下来最关键的一步,是允许别人有不同之处。换句话说,就是接受别人本来的样子。雷德福在坚持练习这个策略的时候,可能会觉得,那只是北方人正常说话的方式。萨姆没有恶意,就像一个热情奔放的南方人和陌生女人调情的时候替她开门,他笑着兴高采烈地对她说:"早上好!"萨姆是我最好的朋友之一。"这真荒谬!"只是他正常说话的方式,而不是在挑衅我。

有些时候面对不公的情况,不应该包容和忍让。但那些"有理有据的怒意"有时不是因为不公的情况产生的,而是你没有考虑到自己有可能错了,也有可能是你没有从别人的角度思考问题。

有些时候你觉得你做得很对,而那些客观中立的观察者可能不这么认为。智慧的所罗门王在没那么自信确定什么是对的的时候,会思考很长一段时间,从不同的角度思考问题,并充分考虑问题旁枝末节的复杂性。

哪怕你百分百正确,所罗门王也会建议把怒意扼杀在摇篮里,因为对方也值得你宽容对待,对方可能只是被误导,并不是出于恶意,也不是一心想搞破坏。不管是因为事情无足轻重,还是因为包容会让事情走向最好的结果,无论如何,包容才是你最好最对的选择。

为什么这个策略有效

每次你允许别人有不同之处,都是你对抗怒意的重要进步!

哪怕最终你不能接受别人本来的样子,单纯练习包容也会于你有益。

√只要你能从对方的角度思考问题,你就不会武断地下结论说这个场景是一个值得一战的重要威胁。哪怕你找到了对方行为的一丝合理之处,你也会感到威胁减弱了,你就会慢慢打消过度反应的念头。

√尽管你很生气,也确信自己是对的,但只要你再试着从对方的角度想一想,你可能就会发现,你对对方的厌恶和冰冷的仇恨就像清晨的薄雾一样开始慢慢消散了。

√尽管你和对方都觉得自己是对的,倾听、共情、暂时接受对方的观点也能让你迈出相互妥协的第一步。

包容会让你的行动变得更有效,它能有效减少那些激起你义愤填膺情绪的情况,让你慢慢发现家人、同事、社区中的人比以前更愿意听你的反对意见,另外,你能坚持自己的立场和把自己的时间精力投入到那些最重要的事情上去。

《安提戈涅》是古希腊剧作家索福克勒斯的剧作,开头讲述了俄狄浦斯王的两个儿子在底比斯的一场守城决斗中杀死了彼此。他们的舅父克瑞翁变成了底比斯城的统治者,他渴望用智慧和正义来统治，因此下令用最高礼节安葬作为底比斯城守卫者的哥哥，但下令不得安葬和哀悼引外邦攻城的弟弟，抗命的人都会被杀掉。在那时候，克瑞翁的命令看起来好像很公正。

但俄狄浦斯王的女儿安提戈涅抗了命，埋葬了她的哥哥。从她的角度来看，让哥哥的尸体被秃鹫和野狗啃噬是奇耻大辱，并不符合天道纲常。底比斯的官员以抗命罪逮捕了她。虽然她已经和自己的儿子有了婚约，克瑞翁还是下令杀了她。作为底比斯的统治者，克瑞翁从不考虑他人的视角，他对此事感到勃然大怒，并认为自己有理有据。

而克瑞翁的儿子为安提戈涅求情，认为未婚妻的做法情有可原，请求他的父亲原谅她。他告诉父亲，底比斯的人都不希望安提戈涅被处死，但都不敢告诉克瑞翁。整个城市都在为这个年轻的女孩默哀。他们说："她不该死，不该因为如此正义的举动而被残忍地处死。"

克瑞翁或许可以倾听儿子的想法，并共情安提戈涅及底比斯城民的举动，最终包容他们的言行。这最终能让安提戈涅得到原谅。克瑞翁的儿子给出了教科书般对抗敌意的建议：

请不要那么一意孤行，
不要以为众人皆醉你独醒。
那些以为自己雄才大略、能言善辩、英勇无敌的人，不过是内里空空的纸老虎。

广开言路并不羞耻，而是智慧，

凛冬的寒流旁也有树木，

它们大多随波逐流，苟延残喘，

那些固执的树则被连根拔起，冲刷摧折。

如同独行于世，

寸步不让，便会倾覆。

熄灭你的怒火，改变吧！

让初生牛犊来给你谏言，

没有人能万无一失、美玉无瑕，

从善如流，便高人一等。

可惜克瑞翁没有听从儿子的劝告，而是更生气了。他下令将安提戈涅带到地牢里饿死。他的儿子威胁着要复仇，迅速跑开了。

一个先知告诉克瑞翁，如果安提戈涅没有得到原谅，她受辱的哥哥没有得到安葬，就会有厄运降临到克瑞翁身上。这个先知之前的预言都成真了，所以克瑞翁觉得最好听从他的建议。克瑞翁飞快地赶到地牢里，而安提戈涅已经自杀了。克瑞翁的儿子朝他吐了口唾沫，克瑞翁拔出剑冲向了儿子，儿子躲开了。儿子在他面前自杀了，而克瑞翁的妻子听到这个悲伤的消息后，也自杀了。

克瑞翁带着儿子的遗体回到了底比斯，听到了妻子死亡的消息。他生命中珍爱的一切都离他而去，他放逐了自己。他的固执己见，不听他人建议，让他失去了一切。

在生活中，雷德福发现包容是在儿子做的家务没有达到他们的标准时，平息他们对儿子的怒火的最好手段。

两年之前，雷德福去路易斯安那州的种植园旅游，发现了很多离主屋有一段距离的"年轻人小屋"。导游告诉他，这些附加建筑是年轻人到一定年龄之后会去居住的地方。

他们对儿子房间脏乱的忍受能力增加了，他们意识到哪怕是在百年之前，在路易斯安那州，父母也无法改变儿女不爱做家务的坏习惯。

不愿包容不仅仅发生在古希腊。在工作坊中，我们如果问："你对哪些个人或者团体有偏见？"参与者总会露出鄙视和愤慨的表情。这代表他们没办法包容！

让我们回到刚才的问题："你对哪些个人或者团体有偏见？"得到的回答总是很有意思：

宗教右派

参议院某前成员

爱说教的人

破坏别人家庭的人

……

这个练习有用的原因在于人们被迫明白了不是他们的政敌和不同宗教信仰的人不愿意包容,而是他们自己不愿意包容。分享讨厌的人只是工作坊练习的第一步。接下来,组里的其他人会被邀请向提出讨厌名单的人分享如何共情,最终消除他们的厌恶情绪。

比如:"尝试想象你认真听了内心的声音,但你并不觉得它可信。你觉得内心的声音是错的。如果你真心这么觉得,你会让这些声音来替你做决定吗?"

工作坊的参与者通常没办法完全克服自己的厌恶情绪,但他们能完成一些练习,来减弱其厌恶的程度。

变得包容的步骤

1. 每次你觉得自己的怒意有理有据,就挑出一个场景,重新审视主人公需要怎么做才能让你接受他们的言行。
2. 从他人的角度思考他们的做法是不是恶意满满。从他人的角度看,他人的处境和做法是不是有他们的道理。
3. 允许他人有不同的观点,试着接受他们。

练习

1. 想想身边那些对你很重要的人,你是否曾经因为他们胸无大志、能力平平、猥琐油腻、神经大条、缺乏礼貌或忘恩负义等感到生气。尝试发自内心地从他们的角度审视他们的行为,重新思考是哪些特质惹怒了你。如果可以,接受他们本来的样子。

2.我们觉得以下至少有一条能让你觉得忍无可忍!

A.挑出你不喜欢的人。

√裹着塑料衣服的人

√夸夸其谈的人

√烧毁国旗的市民

√律师、牙医、商人、股票经纪人这些赚钱很多的人

√领低保的人

√冷漠无情的人

B.问问上面的人怎么看待他们自己。尝试从他们的角度理解他们的立场。

C.这些人的立场代表了他们内心深处的视角。他们坚信的东西会让他们显得恶毒或者充满恶意吗?花时间思考政治家和有宗教信仰的人是不是对不同政见、不同信仰的人充满了敌意。那些自称思想自由的人可能也和被他们称为保守分子的人一样思维固化,反对不同的人种、民族或者宗教信仰。

D.记录上面哪些人的信仰和你的信仰有着本质上的对立。

很明显，你在这种极端情况下没办法练习如何变得包容。但不是每个情况都如此极端！在上面的一些场合下，尝试接受别人有自己的信仰，而不是你希望别人成为的样子。

第 15 章
原谅

宽恕胜过仇恨。

——匿名

基本原则

何时用这个策略

别人总有对你不好的时候,但你做的任何事既改变不了过去,也改变不了将来。你可能觉得坚持自己的立场帮不了你，它既没办法帮你惩罚超车的司机，也没办法帮你回击伤害了你的家人。这件事情已经过去了。虽然理智告诉你过去的无法改变，事情已成定局，但你还是一遍遍回想，感到受伤、头痛、愤怒、怨恨，你想要破口大骂。这些时候原谅伤害你的人也许可以平息你的怒火。

如何用这个策略

假设你真心觉得对方对你不公平，而你选择原谅对方。那就告知对方你选择了一笑泯恩仇。这并不代表你要忘了这些伤心的经历，你仅仅是这一次原谅了对方。记住，你不是被迫的，你是主动选择了原谅，这是出于自身意愿的体面行为。

我们建议你在别人犯了小错误的时候原谅对方，比如在面对不好看的发型、有错字的报告、烧煳了的食物、洒了的牛奶时原谅对方。

有些错误真的很伤人，也会给人特别大的打击，仅仅原谅并不能平复你的怒意，也不能让你从痛苦中解脱。如果你受了很大的委屈，比如你的伴侣抛弃了你，你的父母酗酒或者羞辱你、威胁你，把你当成物品一样对待，残忍地打骂你，那么你需要寻求专业人士的帮助。

你可能可以暂时平复这些伤害对你的打击，但最终你需要在安全舒适的环境下处理这些负能量，然后才可能尝试发自内心地原谅对方。

为什么这个策略有效

虽然没有板上钉钉的证据表明原谅有益健康,但仅仅是没有文献讨论过这个话题。雷德福的好友和同事波特·卡普兰是一个社会学家,他发现迈耶·弗里德曼博士的预防冠状动脉疾病复发项目中的病人,或多或少都提到了学会原谅能让他们更少地呈现A型人格,他对此表示很惊讶。

精神科医生理查德·菲兹吉本斯也写下了自己和病人相处的经历,当他们学着原谅那些伤害过他们的人时,他们能更好地消解愤怒情绪,抑制想要报复的冲动。

原谅也有深刻的宗教含义和心理学根基。基督教徒往往会向主恳求:"原谅我们的过错,也让我们原谅那些对我们做错事的人。"佛教讲究专注于当下,来避开内心的怨恨。对佛教徒来说,过去已逝去,当下才是最现实最重要的。我们需要放手,让过去的事情,让别人的不当言行自然流逝,在心里变得无关紧要。

让我们一起讨论一个场景——离婚。这里的原谅很难,但也很重要。15年以前,旧金山的心理学家朱迪斯·沃勒斯坦开始了她对离婚夫妇和他们孩子的研究。她跟踪了60个白人中产阶级家庭及其131个孩子,分别在家长分居后的第1、5、10和15年采访了家庭成员。另外,从20世纪80年代开始到现在,她的转型期家庭中心已经接待了2000多个存在各种问题的家庭。在这些研究中,她见证了有些完全没有办法原谅之前伴侣的情况,以及他们展现出来的强烈怒意。

沃勒斯坦在报告中说,她没有遇到过任何一个家庭成员,在情感上能接受"无过错离婚"的和平状况。他们在心里认为,结束婚姻往往伴随着过错和伤害。他们往往责怪伴侣,而不是自身。

在沃勒斯坦的研究中,哪怕分开十多年之久,一半的女性和三分之一的男性说起之前的伴侣,依旧会恼羞成怒。她在报告中说:

"我和许多离婚10年的人聊了,我感觉每次的情节都大体相似,同样的主角对着同样的观众,用了同样的表述来讲述同样的故事,表达同样的强烈感受。他们好像忘了之前跟我讲过很多次同样的故事,他们也并不在意我的反应,他们只是想重复。"

家长的感受从未改变,愤怒也因此成了他们子女生活中的主题色。沃勒斯坦把她研究中离婚的夫妇对对方的情绪比作古希腊神话中的美狄亚。美狄亚的丈夫因为移情别恋而抛弃了她,她深爱着她的孩子,却杀了他们来向丈夫复仇。这个神话抓住了很多人离婚时的强烈情绪,特别是那持久未消的基于被对方深深伤害、拒绝、抛弃、背叛并深入骨髓的恨意。

在这些愤怒的情绪下,孩子往往被要求在法庭内外和父母中的一方站队。毫无疑问,经历过这些的孩子和家长会比其他人情绪更不稳定。

在沃勒斯坦的研究中，孩子往往责怪自己，他们往往认为父母分开的原因是他们，也责怪父母为什么要离婚。在父母离婚后，留给孩子的课题往往是克服对于父母的怒意，并最终原谅他们。

对许多离婚的伴侣和他们的孩子来说，长久的怒意伴随着无法原谅的情绪，这对健康非常不利。

原谅的步骤

1. 从小事开始，一旦你认定别人对你做了不公正的事，不管这件事有多不对，你当下做任何事已经无法改变或者撤销事情的结果了。你可以想象，那些持续的怒意和怨恨，不管是否合理，都会对你继续造成伤害。

2. 明白了这一点，你可以试着原谅对方的这次越界，目标仅仅是消除你自己的怒意和怨恨，让你自己的生活更好地继续。

3. 慢慢把原谅的策略用到其他更困难、更重要的场合。但是，如果你过去有自己无法克服的莫大委屈，你可以寻求专业指导，来帮助自己发现并排解这些负面情绪。

练习

1. 想象在以下场景中你原谅了对方。

A. 你从商店回到家,打开了你的包裹,发现你买的其中一件物品不见了,所以你现在需要回到商店,取回不见的物品。

B. 你的伴侣没有把你的意大利千层面煮熟就端给了你。

C. 你在一个重要的会议上迟到了。来的路上你前面有辆车开得很慢,车上的司机在大路上加速,但在窄路上减速,使得你没办法超车。这件事情已经过去了,你需要克服它给你带来的沮丧情绪,以让会议更高效。

D. 你在假日聚会上,但你怨恨了很多年的一个亲戚也在。亲戚又开始烦你了。

E. 你讨厌的人和你在一个聚会上,但你不得不和对方交流。

2. 读一读你的愤怒日志,看看那些你始终无法原谅对方的情况。再一次尝试原谅。

第 16 章
拥有知己

连医生都比不上知己。

——加图

基本原则

何时用这个策略

我们每个人都需要培养亲密关系。这个密友可以是你的伴侣,也可以是你最好的朋友。你们需要亲密到可以随意打电话闲聊畅谈的程度,同时不觉得是在浪费彼此的时间,每当你们需要情感支持或其他实质性的帮助的时候,你们都能自然而然地想到对方。

如何用这个策略

如果你已经结婚了,你需要投入大量的时间和精力,和伴侣相互支持,让你们彼此的关系更加愉悦。不论你是已婚还是未婚，好朋友都能成为你坚强的后盾。

如果想要收获一段真诚且亲密的关系，你们就需要投入时间。如果你的大部分时间都不是和你的密友度过的，那么你需要付出更多的努力，来经营这段关系。

如果你没有那么多时间，你需要为了你的健康和幸福重新排列你的优先级，来让你和你的密友有更多的时间相处。如果你的密友没那么多时间，你可以邀请他或她和你一起参加一些活动。如果你们一起度过了更多的时间，恭喜你得偿所愿。如果你的密友没办法匀给你更多的时间，你可以重新发展一个时间更多的密友。

雷德福和妻子共同创作了这个章节，他们发现如何经营密友关系是一个极其私人的话题。弗吉尼亚关注细节，喜欢研究人们如何培养深厚的友情。雷德福却觉得这些细节并不重要，写出来过分矫情。但无论你的方法是什么，你都需要发展一个密友，并用自己的方式，花时间精力去经营这段友情。

当你和你的密友待在一起的时候，请注意倾听对方。

一旦你们开始互相支持，友谊变得深厚，你就可以和对方越来越多地分享你自己。你害怕什么？什么能让你非常舒适？你讨厌什么？你特殊的癖好是什么？你最坏的经历是什么？最好的经历又是什么呢？你对未来的小小期许是什么？你的宏大的秘愿又是什么呢？你梦到了什么？

最难的部分是相信当对方了解你这些私人的部分后，也依然爱你、照顾你。在这个过程中,你可能会遭遇拒绝或背叛,但一旦遇到对的人,回报也是巨大的。你准备好承担这个风险了吗?

为什么这个策略有效

密友能给你实实在在的支持,比如带你去看医生,帮你带一下孩子让你去忙自己的事。密友也能给你无形的帮助。高自尊人格有益身体健康,而亲密关系能帮我们增强自信。"我们一起对抗世界"胜过"我独自对抗世界"。

你的密友也能作为你的决策咨询方,在重要问题上提供有效见解。他或者她通常比你有更客观的看法。

特别的密友在你悲痛、伤心时给你的安慰是无人能比拟的。

研究证明了向他人倾诉对于健康的好处。心理学家詹姆斯·彭尼贝克研究了在意外事故中或自杀后幸存下来的夫妻。令人感到惊奇的一点是,幸存方对这个事实的接受程度取决于在接下来的日子里,他们和别人倾诉自己想法和感受的频率。

在一项心理学通识课上对大学生的研究中,彭尼贝克让他们写下他们生命中的创伤。和什么都没做的对照组相比,这些学生在接下来的四个月中去学生健康服务中心咨询的频率更少。

彭尼贝克也采访了大屠杀幸存者。采访过程中生理上表现出拘谨和紧张的人在采访后的一年里,会更多地因为身体不适去看医生。

与人分享或者写下内心深处的想法和感受对我们有什么影响？我们已经了解了这一做法对我们有益的部分原因。彭尼贝克推测，毫无顾虑地分享，会对免疫功能、心血管系统、大脑的生化功能有影响。此外，那些从未被分享的创伤会以非语言的方式存储在大脑中。如果我们把这些经历翻译成语言表达出来，我们就能改变大脑对这些信息进行表达和理解的方式。

精神科医生乔尔·蒂姆斯代尔在20世纪70年代采访了纳粹集中营的19名幸存者。这些人通过抱团来克服这些恐怖经历对他们的影响。这一做法让他们获得了信息、建议和保护。抱团也帮助他们建立了自我价值。这些团体的规模并不是最重要的，两个人之间简单的友谊在团体中很常见，而这些友谊对于减轻压力很有帮助。对那些幸存的人来说，那些没法抱团的人在被拘留之后的几天里存活下来的概率很小。乔尔采访的一个大屠杀幸存者莎拉说：

"我们在奥斯维辛集中营有唱歌剧的小组。我们不是总有心情去唱歌剧，但有些安静的时候，我们会讲述过去的事情，每个人会从我们看过的歌剧中选择一个角色扮演。在奥斯维辛的日日夜夜，炉子总是烧着的，有人告诉我们，他们会烧死我们。而我和我的姐姐会互相安慰对方。"

科学、历史和文学的证据让我们得出一个结论：深厚的友谊让我们生存下来，赋予生命意义，让我们发挥自己的潜能。通过雷德福最近在杜克医学中心对于密友的追踪研究，我们发现了密友对于健康大有裨益。

哈克贝利·费恩是美国文学史上的重要角色，他成长在一个不够温暖的家庭。他那酗酒且一无是处的父亲只对他在一个抢劫犯的藏宝洞中发现的一箱金子感兴趣。哈克贝利有两个好朋友——汤姆和逃跑的黑奴吉姆。

吉姆和哈克贝利在坐筏子漂下密西西比河逃走的时候成了密友。当吉姆被赏金猎人抓住的时候，哈克贝利面临一个道德困境，他是不是应该联系吉姆以前的主人，如果他联系了，就犯下了他自己觉得会下地狱的过错。开始的时候他给吉姆以前的主人写了一张短笺，紧接着他开始自言自语：

我把纸放下，在那儿想，想着发生的事，想着我离迷茫和下地狱一步之遥。然后我接着想，回想我们顺流而下的旅程，看着前面的吉姆。日日夜夜，有时在月光下，有时在风暴中，我们一起漂流，谈天说地，放声高歌，仰天大笑。我没办法与他为敌，他为我站岗，不叫醒我，所以我可以接着睡觉；我从大雾中回来，在争吵发生的地方，在泥塘里又见到了他，看着他如此高兴；很多很多这样的时候，他会叫我亲爱的，会温柔地抚摸我，为我做他能想到的所有事来哄我高兴，他一直对我那样好；我回想起上次救他性命的时候，我告诉他我们船上有人得了天花，那时他是那么感激我，说我是他在世界上最好的朋友、唯一的朋友；这时我碰巧四处张望，看到了那张纸。

在那个封闭空间里，我拿起了那张纸，把它放在手中，我颤抖着，必须做出决定，在两条路中做出选择。我研究了一会儿，屏住了呼吸，自言自语道：

"那好吧，让我下地狱吧。"——然后撕碎了那张纸。

真是糟糕透顶的想法、糟糕透顶的发言，但我说出了那些话，我也不想改过自新了。我把一切从脑海中清理出去，然后说我要重新邪恶起来，这就是我的本色，我从小就这么长大，也没走过别的路。而作为开始，我需要支棱起来，让吉姆摆脱奴隶的身份……

我们没法说吉姆作为哈克贝利的密友是否让哈克贝利更长寿，但吉姆的善良、忠实、体贴让哈克贝利获得了更高质量的生活。

发展一个密友的步骤

1.你是不是已经有一个亲密无间的朋友了。如果是的话，继续发展这一段弥足珍贵的友情。如果不是，那就挑选一个合适的人，努力让你们之间的关系更进一步。

2.看看你是否对密友投入了足够的时间精力来加深你们

的友谊。如果你的行程很紧张，你需要为友谊拨出更多的时间。如果对方的行程很紧张，和对方商量能不能花更多的时间和你相处。如果对方拒绝了，那么你可以另外发展一个密友。

3. 慢慢花时间和对方相处，分享好用的物品和服务，也和对方分享你内心的想法和感受。

练习

1. 想想你过去是否有最好的朋友。如果你能联系上他们，那就和他们通电话打个招呼。如果长途电话太贵，那么你可以发个信息。

2. 不论你有没有一个令你完全满意的密友，你都可以列一个清单，写下你倾慕或欣赏的人，并有意识地和他们发展友情。

帮助你拥有积极向上的人生态度的策略

在最后的几章中，我们会改变一下立场，专注于心态的积极面。我们从理性辩论（第3章）、转移注意力（第5章）这些策略开始，学会控制我们有敌意的想法、感受和行为。当你运用这些策略的时候，你就克服了负面的情绪，巧妙避开了一个问题。坚持自己的立场（第8章）教我们如何解决已有的问题。

在改善关系的部分，你的关注点改变了。倾听（第10章）、信任他人（第11章）、提高共情能力（第13章）、包容（第14章）、原谅（第15章），都可以作为解决和他人相处问题的方法。如果你们之间不存在问题，那么你可以用除了原谅以外的其他方法来和他人建立良好关系。照顾宠物（第9章）、服务社区（第12章）、拥有知己（第16章）同样也能帮你和他人建立良好关系。

而第17章教的技能比其他章节更加有益健康。你既可以（也应该）运用自嘲技巧（开开自己的玩笑，第17章）来转移注意力，也可以用自嘲来娱乐大家，为他们增添快乐。

如果你专注于当下（第18章），那么你就会更容易度过充实的每一天。

在书中，我们学到了长期控制敌意的必要方法，这对我们很有好处。在后面的章节中，我们会提供一些策略，来帮你扩大这些裨益，得到更多好处。

只有工作而没有娱乐和反思的生活是不完整的，这样的人会如行尸走肉一般。你应当有更好的生活。在接下来的两章中，你可以放松下来，享受当下。

第 17 章
自嘲

内心的成长，从开自己玩笑开始。

——埃塞尔·巴里摩尔

基本原则

何时用这个策略

假如遵循愤怒消解指南，你得出的结论是，你的怒意不是微不足道的，也不是无理取闹，但你不知道如何有效应对。除了第4、5、6章描述的转移注意力策略，还有另一个策略能将你的负面情绪转变为正面情绪：自嘲。

不是所有形式的自嘲都能达到我们的目的。当有敌意的人变得自嘲的时候，自嘲往往以负面和充满攻击性的讥讽呈现出来。有敌意的人会嘲笑他人的失败，这种自嘲往往给人以压迫感。

床帏之间的黄色笑话，常常令人感觉到尴尬和害怕；而那些针对残障人士、女性和特定人种的玩笑，会贬低和冒犯一整个群体，算得上是低劣的玩笑。这些不是我们希望大家培养的对身心有益的自嘲感。

你可以尝试着将自己的小缺点或者困扰作为自嘲的对象，如果你发现自己在妥协让步，试着嘲笑自己的无足轻重和滑稽可笑。你也可以尝试着用那些人们常常遇到的烦恼开玩笑。你可以看到那些沉闷场景下的有趣一面，从而帮助自己打破自我的禁锢。

其实你的大部分怒意是微不足道、无凭无据的，也是毫无价值的（因为你没有有效的应对方式），那些敌意程度高的人失去了无数的机会来享受自嘲带来的快乐。注意我们说的是"享受自嘲"——笑是令人快乐的,是积极的情绪。因而,笑是所有消极情绪的解药。无论是愤怒、生气、怨恨、沮丧还是烦恼,敌意程度高的人在日常生活中都能通过自嘲来缓解。

如何用这个策略

当你掌握了前面章节描述的策略和评估技巧,你就会更善于识别那些微不足道的、无凭无据的和毫无价值的敌意。一旦意识到怒意是徒劳无功的,你就已经处于能有效利用各种方法来开玩笑的有利境地了。

你可以通过对环境小题大做来嘲笑自己的微不足道。和自己展开一段对话,把对于他人无缘无故的不满放大到极致。如果你发现自己讨厌银行队伍中的某个人,他慢慢吞吞的,好像要把一辈子的时间都花在银行柜台交易上,你可以拿自己"银行业务必须围着自己转"的看法开玩笑。

"是的,那个人看上去鬼鬼祟祟的。他肯定属于某个组织,这个组织的人每天在银行外面候着,一旦看我们这些人来了,就冲进银行,刚好排在我们前面。不是很前面的那种,他们想让我们在他们办业务前就感到很煎熬,然后他们晃晃悠悠地走向柜台操作员那里,停在那里什么也不干。'噢,我的存款单好像没有填对!'他们小声抱怨。噢,他希望操作员帮他在电脑上查他的电话到底是多少,我还是眯一会儿吧!

他们肯定在什么别的地方拿了报酬。"

不要有所保留，让你的"被害妄想症"发挥想象力。想象那个排在你前面的人有着不可告人的目的。在你想完之前，至少你的嘴角已经浮现出了笑意。那些悲观的想法、生气的情绪和想做些什么的冲动，都被你抛到了九霄云外。

另一个小题大做的方法是把恼人的环境想象成世界大事，把自己想象得极为重要。假如你发现期末考试（或者工作中的重要报告展示）刚好在你生日的那天：

"我一定重要到一定份儿上了，整个学校的期末考试计划都是围着我的生日来的。我想知道别的学生会付我多少钱，以便把生日改到4月！"

另一个有用的自嘲技巧是反讽。把环境描述成它相反的样子来开玩笑。例如，在银行队伍中，你可以回复问你队伍移动得快不快的人："呃，在我排进来之前还是挺快的。"或者："比原地打转还是要快点。你能在45分钟之内填好你的银行单据吗？"在第一个例子中，你开玩笑说你一加入，银行排队的队伍就停住了，把队伍移动慢说成是针对你，这样一下子就能吸引大家的注意力。在第二个例子中，你选择了开玩笑。

如果反讽会冒犯别人，那么你可以试试滑稽剧。想象银行队伍中排在你前面的每个人都戴着帽子，如果你想的话，你也可以让他们动起来，比如那个排在前面的矮个子安静男人开始跳起恰恰。

你可能不喜欢帽子或者跳动，那么双关怎么样呢？试想："我明白了！排在前面的那个女人一定以为这条'速'队里面的'速'是诉说的意思，所以她把她所有和金钱相关的事情都跟柜员诉说了一遍。她有这么多可以诉说的，怪不得她选了这条'速'队。"

你觉得把人、想法、行为用滑稽的方式串在一起会怎么样呢？挑出队伍里最一本正经的人和最狂放不羁的人。把狂放不羁的人想象成柜员，他或她正跟一本正经的人说银行董事会最近在听他或她的投资见解。

自嘲也时常包含夸张手法的运用。例如，"我宁可躺在满是钉子的床上也不想在银行排队"。把这句话用夸张手法初始加工一下，就成了"我宁可躺在满是钉子的床上，让大象压在我身上，也不想在银行排队"。

继续想有哪些说法可以把这个场景"润色"得更加夸张，你会发现，不一会儿就排到你了。

想想将来有哪些人或哪些场合能惹怒你。据报道，艾森豪威尔通过把紧张转移给观众，克服了公开演讲时的紧张情绪："我看向观众席上的人，想象他们每个人都穿着破破烂烂的内衣。"

列出那些脑海中让人尴尬的相逢场景，对方是有权有势却令人讨厌的人，你没办法改变他们的行为。在每一个场景中，给对方想一个有趣的形象，可以让你没那么生气。把这个形象保留在脑海中，下一次需要的时候可以拿出来用。

无论你用什么自嘲的手段，你都可以把你生气的劲儿拿出来搞笑。从本质上来说，自嘲意味着把你愤怒的皱眉化为唇角的微笑，甚至捧腹大笑。

为什么这个策略有效

首先，在一个令人不悦的环境下看到有趣的点并勇于自嘲，你就能将怒意和其对身体有害的风险因素从脑海和身体中清理出去。怒意和自嘲不能同时在大脑中共存！

在《疾病的剖析》中，库辛阐述了自嘲有助于身体恢复健康的观点，他描述了通过看电视节目、电影，还有阅读搞笑书籍来恢复健康的经历。库辛的自嘲和他的求生欲，据说还有维生素C，帮助他从致命的疾病中恢复了健康。不论你是否接受这个传闻"证据"，他的事例和著作都激发了研究者研究自嘲的生理效应的兴趣，我们目前认识到，自嘲是有益健康的。

众多实验证明，逗乐一个人能显著降低他表现出公开过激行为的概率。

对于自嘲的生理效应的研究也表明了它有益健康的特性。首先，它和更快的心率相关，能增加皮肤的导电性，调整呼吸。

随着呼吸变得更深,每次呼吸的时间也变长了,而这有助于放松身心、减轻压力。

加州大学的心理学家芭芭拉·弗雷德里克森和罗伯特·莱文森的研究表明,积极的情绪能使人平静。受试者先看了一部让人害怕的影片,影片中一男子沿着大楼的边缘缓慢移动,一个不小心掉了下去,勉强挂在了窗台的边沿上,他一直努力让自己保持平衡不继续下落。看完电影后,所有人都感到更害怕了。接下来,一部分受试者看了一部有趣的影片,影片中的小狗在和一朵花玩耍;一部分受试者看了能激发满足感的波浪破碎的内容;一部分受试者看了小孩为死去的父亲痛哭的伤感影片;剩下的受试者看了不会激起情绪波动的将五颜六色的小木棒堆在一起的内容。

看了让人害怕的影片后,所有的人都心跳加速,皮肤中的血管收缩。和看了不会激起情绪波动的影片的受试者相比,看了有趣的影片的受试者很快从身体的激动反应中恢复到了一开始的平静。

这是最先记录经历正面情绪(如愉悦)能带来生理益处的研究之一。这为老话"笑是良药"提供了科学依据。

敌意程度高的人可能很难把自嘲当一回事,但自嘲真的能帮到他们。一个25岁的女子在克服敌意的路上遇到了很大的困难。她经常会对丈夫尖叫、痛骂,并偶尔对他扔东西。她会用最尖厉的嗓门朝3岁的孩子尖叫,上蹿下跳,砸东西,有一次还打了孩子。她甚至想过自杀,因为她的暴脾气让每个人甚至是她自己都感到痛苦。一开始她的心理治疗师让她尝试了深度肌肉放松练习。这名治疗师尝试带领她进入一个平静的、专业的场景,以便在这个场景中激起她的怒意,从而对她进行脱敏训练。这个训练并没有成功。后来,真正成功的尝试是在经常惹怒她的场景中加入一些有趣成分,将其变成滑稽剧。

当你开车进入超市时,帕斯卡和拉斯卡开始坐立不安。帕斯卡突然从天花板上跳到了后排座椅上,又从座椅上弹到了后视镜上。他摇摇欲坠地挂在后视镜上,咯咯地笑着,向行人做鬼脸。当你拐进停车场的时候,帕斯卡从高处飞窜下来,双脚落在了油门上。随着车在停车场中疾驰,你听到帕斯卡说:"嗯,两秒钟内从15千米/小时加速到50千米/小时,不赖。"但你现在的主要顾虑是你正冲向两个老奶奶。她们正朝着超市的门蹒跚行进,手中抓着小张的优惠券。其中一个看到一辆车以50千米/小时的速度冲向了她,一个不小心把优惠券扔向了空中,她飞速跑开。另一个人也跑得一样快,她敏捷地躲开了你的车,躲进了附近的购物车中,购物车沿着停车场的下坡一路疾驰,如同轮椅神探追凶一般。

经过8次治疗后,她的情况得到了控制。她对丈夫和孩子发怒的频率和程度都下降了。其他的亲人也注意到她脾气变好了，连带着她儿子的行为也有了好转。在自嘲疗法之后，她重新做了心理测试，结果显示现在的她不容易冲动、愤恨、生气、紧张。同时，体检结果也显示她的健康状况改善了。

自嘲作家罗杰·罗森布拉特说，他的母亲是他认为最有趣的人之一，她永远都有办法说笑话来救场。她和其他的自嘲专家都很助人为乐、友善、个性鲜明，同时又很认真。他们能迅速拉近对方和自己的距离，让对方了解自己，也能给对方力量克服困难和威胁。罗森布拉特举了一个和母亲一起吃午饭的例子。那时他向母亲、妻子评论说他们正在共度一段愉悦的时光。

"是的，"他母亲说，"但下次我们出去的时候，也得请约瑟夫·科顿[①]。"他的妻子和他面面相觑，不知道母亲在说什么。

"为啥呀，妈？"他问。

"因为，"他母亲说，"约瑟夫·科顿能通过你的方言说出你从什么地方来。"

"妈，"他猜到了母亲在说谁，"你说的是雷克斯·哈里森[②]或者莱斯利·霍华德[③]？哈里森饰演《窈窕淑女》里的希金斯教授的时候，能听出每个人的乡音。"

---

① 美国影视演员，代表作有《辣手摧花》等。
② 英国演员，因出演华纳兄弟的影片《窈窕淑女》成为1964年奥斯卡影帝。
③ 英国舞台剧、电影演员，代表作为1939年的《乱世佳人》。

他的母亲一下子陷入了混乱,她痛恨自己把人搞错了,让大家都不太高兴。

"是的,你说得对。"她说,然后模仿了杰克·本尼①停顿的方式,"但我们已经请了约瑟夫·科顿,虽然请错了,但是我觉得我们不能食言。"

然后,所有人都开怀大笑。

弗吉尼亚通常没有耐心填表。她最近飞快地填了一张车辆续登记的表格,但没填保险公司。车管所退回了表格,让她填上这些附加信息。当雷德福看见退回来的表格放在厨房柜台上时,他一下子就生气了。距离登记过期的时间只有两周了,他一下子预想了所有最坏的结果,并得出结论,弗吉尼亚犯了错误,因此她得解决这个问题,把表格填好,和支票一起拿到当地车管所,然后排长长的队把表格交上去。

弗吉尼亚说她会邮寄回填好的表格。两周时间足够邮寄了。同时,她希望雷德福不要再朝她吼。

雷德福尝试将可能的灾难结果自嘲化。从悲观的角度来看,一旦表格没有按时寄到,他们将面临登记过期、保险无效这个严重后果,如果事故中他们是过错方,那么他们就会面临官司纠纷,很可能赔上房子和他们所有的存款!弗吉尼亚在反驳时带了一丝怒意,她觉得雷德福的顾虑毫无道理。她正准备邮寄回表格,如果雷德福希望亲手去交,那么这是

---

① 美国电影喜剧演员、广播家,代表作有《你逃我也逃》。

他自己的问题,他应该自己去。

雷德福说他会自己去交,这时这段不愉快的对话才结束。雷德福泡了很长时间的澡,弗吉尼亚在他出去前就去睡了。

两周后,截止日期到了,雷德福还没有去交表格。他计划那天带着表格,但是当天他的行程很紧张,一早就要去赶飞机。弗吉尼亚有意戳了雷德福的痛处,说她出于慷慨大方,会帮个忙把表格交上去。

现在,雷德福和弗吉尼亚都觉得这是这本书的好素材。在接下来的几个月中,每当雷德福出去做讲座,他都会描述他灾难化未交登记表的结果的场景,用以描述如何运用自嘲来克服敌意。

这里有一些有意思的点。雷德福夫妇对发火伤害身体健康这个议题有兴趣,也有知识积累,同时他们练习控制怒意很多年,一开始他们也都控制不住自己的脾气,哪怕雷德福有意用开玩笑的方式来灾难化可能的后果,他们谁也不觉得这个笑话好笑。

同理,哪怕再努力,有时候你就是自嘲不起来。但你总可以在合适的时机试一试。自嘲可以帮你让那些有害身心健康的反应延迟出现,有时你甚至能成功消解危害健康的愤怒情绪。随着不断练习,你成功的概率会越来越大。

在注册表事件中,雷德福夫妇等到他俩已经生气、有了不愉快的交流后再尝试开玩笑,就已经晚了。他们现在能通过自嘲的描述重新体验那次事件,这种复盘对他们很有好处。每次雷德福讲起这个事情,都会自嘲灾难化后果的场景,觉得自己一开始的反应很蠢。他不再感到生气,而是利用这些复盘的机会来练习,为未来弗吉尼亚做错事情的时候做准备。

因此,下次弗吉尼亚没有填对表格的时候,雷德福会发现,在一开始就对后果进行灾难化想象的行为很可笑,他也能因此在一开始就消解掉自己的怒意。

在这个例子中,你应当立刻控制住自己的怒意。如果你做不到,那就试着不断练习,在脑海中不断减弱自己的怒意。像雷德福那样,你可能一开始不会成功,但你的成功概率会越来越大。

自嘲的步骤

1. 你注意到在特定场景下,自己那些愤怒的想法、情绪和冲动微不足道、毫无理由,也不会产生实质性的效果,你决定嘲笑自己为什么会为了这种鸡毛蒜皮的小事生气。

2. 尝试用一种或多种方式让自己笑起来:

√灾难化后果,或者夸大你自己和环境的重要性。

√你可以想象即将发生的场景,或者采取以自我为中心的视角。(比如龟速移动的银行队伍)

√时不时产生一些滑稽的怪念头,让你能加工出想象中的场景。

√你能用双关来开玩笑。(比如"速"队和"诉"队)

√你能把现实中的元素荒诞地组合在一起,让一切都显得很有趣。

√你能把现实的困境和一个夸张的痛苦场景做对比。(比如那张布满钉子的床、大象压在你身上)

3.更频繁地运用自嘲的技巧,直到有一天,你之前时常产生的愤怒的想法、情绪、冲动被有意识激发的正面情绪和开怀大笑取代。

练习

1.下一次堵车的时候,认真地看看你后面的司机。围绕他或她刚才去哪儿了尽可能构思一个最搞笑的故事。给他们此刻的延误想一个有趣的后果。

2. 想想你自己在一个重要的节假日后,在折扣店的退货窗口排队。你对排队感到很烦。尝试夸大自己的重要性,比如综合运用反讽、滑稽剧、双关、搞笑等方法来让自己从等待的怒意中解脱出来。

3. 和上面的例子一样,你还是对在退货窗口排队感到很烦。这次,尝试控制住自己的怒意,尝试用一种新的方法来逗乐自己。这个方法得是无害的,并且至少稍显有趣。

4. 想象你自己决定在一个场景中使用自嘲的策略。场景是在高速公路上，其中一条道关闭了，车辆只能缓缓向前。你前面的大众车与其前车车距较宽，能让好几辆车加塞进来。你可以想象大众车后保险杠上贴着贴纸，写着："我开这条道就是为了气你！"

5. 为你身边那些避不开的、不可控的、有权有势但不讨人喜欢的人，在脑海中创造一个有趣的形象，在下次遇到他们时用上这个形象。

6. 这本书中我们运用了很多卡通形象，来帮助敌意程度高的人抵御日常遭受的大量愤世嫉俗、愤怒、冲动的侵扰。在接下来的几个月里，把平常会逗笑你的有趣卡通形象集合起来，用到控制你的敌意情绪上。在生活中，让这些卡通形象时不时出现，以便激发你的快乐情绪。

第 18 章
像今天是最后一天那样活着

把握今天!

这是生命,是生命本身,

在短暂的进程中流淌着所有的真理

和你存在的现实:

成长的幸福,

行动的荣耀。

它美得熠熠生辉。

昨日不过是一场梦,

明日也只是幻影,

但你可以好好过今天,

让每一个昨日都是愉快的梦境,

让每一个明日都是充满希望的迎接。

因此,把握今天吧!

——迦梨陀娑

基本原则

何时用这个策略

你一定要经历心脏病发作才能少怀敌意吗?雷德福询问病人关于怒意的问题,从心脏病病人那里最常听到的回应是:"呃,我在心脏病发作前常常生气。但发病后,我决定还是少生气为妙。"

不知为何,面对死亡能帮人厘清什么是真正重要的事。因此,如果你发现自己在练习前面章节描述的策略中遇到了困难,或想知道这是不是值得你付出努力,我们建议你尝试这个策略:像今天是最后一天那样活着。

如何用这个策略

假设你刚从医生那里听到坏消息：你得了重病，只能活几天（几周）了（其实从同样的死亡终点线来看，生命本身是很短暂的。那些获知他们得了重病的人和我们大多数人的唯一区别是，我们不清楚剩下的时间有多少）。

就是这样。假设你刚得知这个噩耗。

现在从一个被迫直面死亡的人的视角来看，在世界上度过一天，会不会让你更想要实践一些书中的策略，特别是那些能引导你用更积极的态度面对他人的策略？作为工作坊的一部分，雷德福让参与者想象一颗巨大的流星正在飞速撞向地球，而地球会在大概 47 小时后爆炸。工作坊的作业是描述你会如何度过这剩下的 47 小时。

"我会在森林中散步，寻找野花或者蘑菇。"

"我想和我的孩子一起度过。"

"我想和爱人在一起，吃汁水饱满的牛排，喝高档红酒。"

"我会立刻和我的姐姐联系。我们和朋友们会立马出发去沙滩。"

大家的说法往往很相似。我们还没有听到任何人说想要去工作，或者想要处理积怨。

生命往往向我们呈现出了一些证据，证明生命是有限的，从而强迫我们认识到，卸下所有伪装，我们的生命可以在任何时间停止。最近,我们的儿子劳埃德从他和朋友们参加的火警部门志愿者团体负责人那里接到了一个电话,也帮我们认识到了这一点。

那个周六下午,负责人打电话来问劳埃德是否能联系上他的一个朋友,朋友的父亲刚刚死于车祸。弗吉尼亚在城里的图书馆。过了一会儿,雷德福和劳埃德从这个悲剧中缓了过来,准备给这个悲痛欲绝的家庭打一个吊唁电话。

那天晚上,当雷德福他们进城的时候,他在心里想:"如那个下雨的周六下午,路上那么滑,如果家里的任何一个人突然被夺走了生命,我们会不会后悔没来得及做什么事?"

这样的思考让我们意识到过好每天的每一分钟是多么重要,当最后的时刻来临的时候,我们不会后悔没来得及做什么事。如果我们珍惜每一天,我们很容易就会控制住敌意的冲动。

为什么这个策略有效

你今日的思考、感受、日程,是你明天的回忆。如果你今天的大多数经历都是愤世嫉俗的思想、怒火中烧的情绪和冲动的行为,那么这些就构成了你和相关人员第二天的回忆。

另外,你可以用更积极的方式与你自己、你的伴侣、你的孩子和其他所有人交流。肯定他人,而不是撕碎每个人的自尊。这些肯定和赞扬会成为你明天的回忆,同时为你自己构筑一个美好的过往和将来。

你也会获得即时的好处。关注当下，能减少你的压力和焦虑。你会减少那些不必要的自言自语——"要是……多好"。

珍视你有限生命里的每一分钟，这听起来有些吓人，但面对这个现实能让你在地球上的短暂时光发挥出最大的价值。如果你能好好思考并努力度过每一分钟，你就能享受一段充实的人生。在第4章我们讨论如何停止敌意的思考时，阐述了多重心智的概念。在人类的进化过程中，你的大脑继承了多重思考的能力，所以对于很多命题，你可能会有多重想法和视角。尽管你一次只能有一个想法，但如果你投入时间、精力，你就能越过直觉本能，过一遍所有的想法。然后，就能思考哪个想法符合最本真的你。一旦你了解了你真实的想法和感受，你就能重新考虑你在当下可以如何做出应对，并在合适的时机在你应对敌意的"弹药库"中挑选合适的策略。换句话说，一旦你能控制自己，你就会成为自己人生的总导演。

狄更斯在小说《圣诞颂歌》中，向数以百万计的读者描述了埃比尼泽·斯克鲁奇早年的悲惨经历。斯克鲁奇在儿时就很孤单，他的朋友都不待见他。他的父亲早早把他放在了寄宿学校。在他长大后，他心爱的妹妹早夭，而他的女朋友认识到斯克鲁奇爱钱多过于爱她，就嫁给了别人。

斯克鲁奇在书中第一次出现，是在一个圣诞夜。这时他在自己的办公室，这个吝啬鬼简直是敌意人格的终极呈现。

他动不动就朝员工发脾气，在取暖燃料方面抠抠搜搜，拒绝了他侄子的晚餐邀请，他"像打火石一样又锋利又坚硬，哪怕钢铁也不能从他那里打着火花，他阴暗、自我，像牡蛎一样孑然一身"。

有个邻居问斯克鲁奇能不能给穷人提供一些援助："先生，好几千人缺乏必要的生活品，成百上千的人需要慰藉和援助。"他拒绝了这个机会。对于斯克鲁奇来说，监狱、联合济贫工厂、枯燥的工作、救济法案、适者生存才是有效的解决方法。"这不关我的事，人贵在有自知之明，不插手别人的事。我自己的事已经够忙了。"

到了家，斯克鲁奇梦到了他之前的合伙人的鬼魂，她正拖着装满现金的箱子，钥匙、挂锁、账簿、地契、房契，以及重重的钢铁打造的钱包都是他的毕生心血。

斯克鲁奇看到这个痛苦的鬼魂非常烦躁，他大喊："但你一直是一个做生意的好手。""生意？"鬼魂大喊，拧起了手，"人类才是我的事业，人类的共同福祉才是我的事业：慈善，怜悯，宽容。我的生意只不过是事业的汪洋大海中小小的一滴水而已。"

这位前合伙人告诉斯克鲁奇，三个鬼魂——圣诞过去、圣诞现在、圣诞将来将会相继拜访他。在他们的帮助下，斯克鲁奇被迫面对他现在的狭隘思维和他生命的有限性。

斯克鲁奇第一次意识到了他的悲剧过往，他现在的卑鄙心态，即将到来的孤独，以及如果他持续以这种糟糕的方式生活，将迎来毫无意义的死亡。这个新的领悟足以让斯克鲁奇转变成一个慷慨大方的人，并真心将自己的每一天当作生命的最后一天来活。

那个圣诞节，斯克鲁奇送出去了一只肥硕的火鸡，在他侄子的家度过节日，并向慈善机构捐了款。第二天，他生起了火，把办公室烤得暖暖的，还给他的职员加了薪。

他"成了一个好朋友，好雇主，生活在善良老城市里的好男人，或者在善良旧世界里任何一个美好的老城市、城镇、自治区的好男人"。

斯克鲁奇最终都能学会过好当下的每一天，你现在开始也不算晚。

像今天是最后一天那样活着的步骤

1.决定将今天当作你生命中的最后一天来度过。

2.一旦脑海中有了这个想法，注意当你遇到某个人某件事的时候，这个想法是如何影响你的行为的。

3.在这一天快结束的时候，评估你是否减少了敌意的想法和感受。评估你当天的回忆是否比以前的日子要美好许多。如果是这样的话，你可以通过这种方式度过更多的时光。

练习

如果今天是你生命中的最后一天,遇到下面的情况你会如何应对,请进行描述:

A. 你十几岁的小孩闹脾气。他低垂的眼和沉默寡言的态度传达出了粗暴乖戾的气息。

B. 虽然你反对,但是你的伴侣已经做出了决定。

第四部分

应对敌意程度高的人

你一定累了吧,亲爱的……你可以让我按照自己的意愿开一会儿吗?

有时你需要确定是你的敌意导致的问题，还是其他人的敌意导致的问题。可能其他人正在不公正地对待你。如果他人过于敌意，当然他或她也在难为他们自己。这部分会帮助你处理这个问题。

第 19 章
帮助自己或他人改变

敬人者，人恒敬之。

——孔子

基本原则

何时用这个策略

在这个关口，你可能会怀疑你周围的人也有敌意的问题。这个人看上去常常留意你的不当行为。另外，你经常是他发火的对象。如果情况是这样的，不管你自己的敌意水平怎么样，你可能正接受来自他人的"二手"敌意。你关心的人的行为正在伤害他或她的健康。此外，这些经历会降低你的生活质量，当你遭受了不公正的对待时，你需要保护自己。

首先，系统性地探究你脑中猜忌的合理性。在愤怒日志（第1章）中，详细记录下一周时间里所有你接受敌意的场合。检查你的日志，判断这些不公正的对待来自一个特定的人，比如老板、伴侣、同事等的比例。接下来当你与这个常常对你产生敌意的人见面时，诚实评估并和自己理性探讨（第3章）他或她的怒意是否有理有据。记住，如果你感受到敌意的场合总有这个人在场，那么你自己能力不足、粗心大意、思虑不周、对人漠不关心的可能性就不大了。如果你和大多数工作上的朋友及生活中的其他人的关系都是温暖的、令人满意的，但和此人的关系不尽如人意，那么你的敌意很可能就不是问题所在。如果确定不是你，而是对方的敌意导致了这个问题，那么你需要学会有效处理，否则你的健康和幸福感将会受影响。

如何用这个策略

一旦你认定某个人常常对你很糟糕，你就需要评估一下你是否想继续维系这段关系。对那些不怎么重要的人，你可能会想直接减少联系。比如下学期换一个室友，避开那个暴躁的邻居，和那个爱找麻烦的同事减少交流，少去看那个充满敌意的兄弟姐妹。

如果折磨你的人是一个比较重要的人，你可以寻求其他选择。如果你有一个讨厌的领导，你能不能换去公司其他你喜欢的部门？如果你的领导是公司的一把手，你能不能在其他地方找一个差不多或者更好的工作？（如果你生计成问题的话，可能还是不换工作为妙。）

对于我们大多数人来说，生活中最具敌意的人可能是父母、子女、伴侣。改善关系自然是所有人最感兴趣的选择！如果这个敌意程度高的人对你很重要，接下来我们会推荐一些和他们相处的方法。

和敌意程度高的伴侣相处

你必须首先认识到你不是问题的所在。你需要理解自己没有错。如果对方指责你能力不足、粗心大意、思虑不周或对其漠不关心，把自己从这个看法中解放出来。敌意程度高的人爆发的原因是他或她无法信任别人，这不是你的错。你需要每天都提醒自己一遍。这个观点可能会让你一开始感到不舒服，你也有可能倒退到自我怀疑中。

和敌意程度高的人打交道时，共情是有效的，但需要技巧。一方面，你伴侣的怒意源自困扰他们的过往或者生物遗传特征，了解这一点后，你能认识到你的行为不是问题的成因。

另一方面，你需要避免在理解的同时接受这种怒意。一旦你意识到这是个问题，就把自己的共情限制为短期的体谅。不要原谅或者接受伴侣的不当行为，哪怕他们有艰难过往或者遗传的倾向。

永远给伴侣一个机会对你共情："是的，我还没把垃圾带出去。我理解这很烦人。但如果我告诉你我回家晚了是因为堵车你是不是会少生气一些。"

作为保护自己的另一步，仔细回顾第8章中坚持自己的立场的技巧。这些是和敌意程度高的人打交道的最有效的工具。

注意新的敌意事件。每一次你意识到自己被敌意攻击了，你就可以：

√向你的伴侣描述能观察到的特定行为。例如："雷德福，你刚到家，就立刻插手准备晚餐这件事。我已经计划好了菜单，买好了东西，处理好了蔬菜。现在你试着接手烧鱼这件事，但我不止一次地告诉过你，我更想自己烧鱼。"

√描述你的感受，并且把控制好情绪作为自己的责任。例如："这会让我觉得被轻视，我感到生气和愤怒。"

√通过特定的改变，让对方帮你避免这些感受。例如："我不希望这是你回家时我的第一感受。""我什么时候都不想因为这件事有这种感受。"

√告诉对方如果他或她不愿意改变行为，可能的后果是什么。就像对你的情绪负责一样，你也需要为你后续的行为负责。你的第一反应可能会太谨小慎微或者过于胆大妄为，因此你需要认真考虑你的做法。改变往往很难，开始的时候你需要清晰地限制事情的后果，但后果一定要真实存在。"不积跬步，无以至千里。"如果你持之以恒，始终如一，小的改变也可以产生大的效果。你能比较容易地从传达这个后果开始："如果你想要晚餐吃鱼，就必须让我来烧鱼，你不要帮忙，也不要在厨房逗留，更不要看起来一副着急的样子。如果下一次我们晚餐吃鱼，你不让我自己烹饪那条鱼，那么接下来的一个月我不会让鱼出现在我们家的菜单上。"

雷德福不愿意信任弗吉尼亚能把菜做好，这成了他们婚姻中的永恒主题，雷德福需要控制准备食物的过程，让他信任弗吉尼亚能做好这件事并不容易，这种控制的想法也不能一劳永逸地根除。几年前，如果弗吉尼亚阻止他帮忙，他就会生气。对我们来说，这是一个艰难的过程。但现在至少我们目标一致。例如："天呐，亲爱的，我不想让你感到不被欣赏。我觉得你做的食物很美味。尤其是，我想让我们一起度过美好的时光。"

弗吉尼亚依然对雷德福根植于心中的控制烹饪过程的需求感到不悦，但至少她也能就事论事，不再把这一点当成是在针对她了。一旦弗吉尼亚感觉到雷德福轻视她，她就要求雷德福做出改变。雷德福很配合，总是想要改变，也确实有了很大进展，他们对于烹饪的争议成了一个可处理的问题。

如果这个散发敌意的人对你很重要，除了保护自己不受他或她的影响，你也需要一步步保证你的生活重心是整体积极向上的。

一个有效的行为是寻求他人的支持。把视野拓宽到这个令你苦恼的关系之外，找到一个你不那么依赖但可以信任的人，或者对你很好的人。最终这段关系能令你满意，满足你的大部分需要，但与此同时，试着从别的渠道获取支持。你可以把这个举动想成这段关系的暂时休息。

√尽你所能从工作中获得满足感。

√发展一些其他的亲密好友。

√重新考虑参加社区服务（第12章），参加社区服务能提供获得温暖的人际关系的机会，并且能让你感到被重视。

你可能会暂时愿意容忍一段不尽如人意的亲密关系，但你还是期待关系变好的那一天。因此，坚持进步。你需要确信你对伴侣的感受是正面的，你也应当被公平对待。你之所以停在这段关系中，是因为你珍视你们在一起的时光。你应该常常让你的伴侣听到这一点。

但光有爱是不够的。在一段健康的亲密关系中，你的伴侣必须能有效地表现出对你的感情。这意味着要态度灵活，愿意改变行为，愿意实践之前提到的策略来减少猜忌、愤怒和攻击性。如果你的伴侣不愿意承认自己的敌意或者不愿意做一些必要的改变，那么你们的关系必然不会让两个人都满意。

如果你成了伴侣释放敌意的目标，那么你可以继续将这件事记录在愤怒日志上。记下他或她是否经常持续指责你，哪怕你坚持自己的立场并做了特定的要求。如果一个月之后事情并无进展，就重新评估你的处境并考虑新的选择。

假设你感觉——基于你在书中学到的内容——至少部分关系中的问题是源自你伴侣的敌意。尽管你做了所有的努力去践行我们建议的内容，问题也没有解决。在这种情况下，你和你的伴侣能不能去咨询心理健康专业人士？我们建议你们俩一起去咨询相关领域的人士——精神科医生、社会工作者、心理学家。他们都经过训练，能有效帮助夫妻或情侣。

如果你的伴侣同意，那就太好了。有了外界的帮助，你们关系中的问题就能得到更有效的解决。但更常见的事是你的伴侣会拒绝。在这个时候，你可以用上"坚持自己的立场"一章中学到的内容："我爱你很长时间了，我现在还是爱你，但我觉得在我们的关系中，有些东西不太对，这些东西也正在稀释我之前的积极感受，我试着明确指出这个问题，并和你一起解决，但我依旧很不高兴。我尝试过叫你一起去拜访一个专业顾问，希望关系能向好的方向发展。但你拒绝了我，这让我感觉手足无措，不知道该如何改进我们的关系。因此，我真的需要你同意和我去至少拜访几次专业顾问，来试着找出我们能改进问题的方法。如果你能这么做，我也会尽我的努力去一起解决我们关系中的问题。如果你继续拒绝，那么我不得不告诉你，你都没试着去解决这个问题，这种情况下，我想我会离开。"

如果你这么做，而你的伴侣依然拒绝改变主意，或者你们一起去寻求了咨询师的帮助，但事情毫无进展，那么你可能只能接受，别无他法，或者直接放弃这段关系。

在其他的关系中减少敌意

养育孩子是一件父母单方面付出和奉献的事情。你不能离开你孩子，因为你的孩子依赖你才能存活。所以如果你的孩子总是用充满敌意的态度对待你——经常在青春期的时候——你必须努力修复这段关系。如果之前描述的策略不适用，那么你可以为你的孩子或者整个家庭考虑选择专业顾问。

如果你有一个充满敌意的家长，你能减少跟对方的联系吗？（考虑寻求专业帮助，这样也能在其他与人交际的场合中帮助你。）

为什么这个策略有效

在应对你充满敌意的伴侣时,你探求了不同阶段的选项。从那些最简单最宽厚的开始。从开始时确定问题所在,并且坚持自己的立场,到寻求所需的专业帮助。一旦这些都不成功,你最终可以选择离开——但在亲子关系中你无法离开。你已经尽你所能给了这段关系变好的机会。

如果伴侣中的一方并没有直面另一方的敌意,那么一段婚姻将会如何发展?为了绘声绘色地描述这个故事,我们建议你看《末路英雄半世情》,一部由保罗·纽曼和乔安娜·伍德沃德主演的电影。

布里奇先生是一个充满敌意且控制欲强的丈夫,布里奇太太对他一直言听计从,牺牲自己和孩子的意愿也要顺从丈夫。比如,有一次,他固执地决定一定要在乡村俱乐部的餐厅吃完晚饭,这让他们经历了一场龙卷风过境的生死危机。他的固执决定差点让他们一家人受重伤甚至丧命。

在电影结束时,你能看到布里奇夫妇的结局。但随着电影的进行,你可以猜测如果为了家庭的幸福和布里奇先生的健康,布里奇太太采取了有效的措施去帮助她的先生认识并处理他的敌意,那么结局会有何不同。

雷德福的婚姻就进展得更成功一些。大概15年前,弗吉尼亚坚持让雷德福去咨询专业人士,希望这样能让他善待她和孩子。尽管她暗示如果雷德福不去的话,她就会离开,但她的内心很希望雷德福答应她的请求。之前他们也就此展开过讨论,雷德福决定接受专业人士的帮助。

经过4年的心理治疗后,雷德福的行为有了改善,但弗吉尼亚依然觉得他常有敌意,不善交际,她对雷德福仍不满意。

弗吉尼亚接着自己去找了专业人士,咨询她的婚姻,及她和几个研究生院教授间的问题。在她接受咨询的大部分时间里,她和咨询师描述的都是婚姻中的负面事件。她本可以在事情发生的时候更加直接有效地表达她的感受,但这些情绪日益恶化成了始终存在的怨恨。她把一切的苦难归咎于婚姻,她只是希望从自己和治疗师那里得到支持,以离开雷德福。

弗吉尼亚在设法离开,而雷德福却一直在努力控制敌意,以加强自己和弗吉尼亚的情感连接。加上心理咨询帮助弗吉尼亚强化了对于坚持自己的立场的努力。渐渐地,事情有了转机。

练习敌意控制和坚持自己的立场通常需要付出很多努力,我们的进展虽然缓慢却扎实。我们懂得了什么策略适用、什么策略不适用,我们运用的策略也变得越来越有效。最好的结果是,爱焕发了新的光彩。我们成了对方最好的朋友,开始非常享受彼此的陪伴。随着时光的流逝,我们对彼此的投入更多,感情也愈发深厚、持久。

努力改变我们自己吧,生命中没有其他东西能给予我们更慷慨的回报。我们喜欢告诉朋友我们现在的婚姻经营得非常好！

如果你能持续改变自己，达成目标，那么你的个人生活也能得到改善。

帮助自己或他人改变的步骤

1.摆脱那些给人带来很多麻烦但很容易终止的关系。

2.认识到你不是过错方（如果你没有错的话），练习坚持自己的立场的方法。

3.从麻烦的关系之外获得支持，包括寻求专业人士帮助。坚持进步。如果一直没有进展，尽你所能防止自己持续遭受不公正对待。

练习

1.考虑你在以下情境中会如何应对：

A.你正开着家里的车。你从来都没有出过事故，也几乎没有违章罚单。然而，你的乘客一直对你输出交通信息和驾驶建议。

B.你的室友在你做饭时一直在旁边盘旋，干些有的没的。当你完成了大部分的家务时，你的室友对此提出了改善建议，但你觉得这些建议只会起到反作用。

C. 你的密友在你话说到一半的时候打断了你。

2. 如果伴侣间想要超越互相控制的敌意状态，以便进入一段良性的婚姻关系，他们需要外界的帮助。如果你认同上述观点，试着找找附近的静修活动、成长小组、伴侣沟通项目等。这些组织大多数都收费不高，所以不要有经济上的顾虑。

后 记

谁都不是一座孤岛,任何人的死亡都使我受到损失,因为我包孕在人类之中,所以不要问丧钟为谁而鸣,它就是为你敲响。

——约翰·邓恩

想象自己穿越到了未来。你和一起长大的伙伴已经经历

了少年、青年、中年和老年。大多数人在到达平均寿命后，便走向了死亡，而你幸存了下来。渐渐地，你的视力、听力、精力、声音和思维都退化了，你住进了医院，即将死亡。

你的伴侣每天都来看你，而你已经在躺椅上过了很多个夜晚（如果你没有伴侣，可以让密友承担这个角色）。你们俩会聊什么？你们知道你们爱彼此吗？你们有美好的回忆可以分享吗？你们漏掉了烘焙粉所以没办法做生日蛋糕，你们对着插上蜡烛的薄饼哈哈大笑；你们有了第一个孩子时特别激动，其他的宝宝看起来像皱巴巴的老人，而你们的宝宝那么美丽，怎么看都如此完美；在墨西哥湾沿岸的那周你们每晚都会吃新鲜的鱼；你们因平等权利修正案而争吵，并试图调和不同的观点；你们讨论要不要在卧室里装电视……

你是否记得年少时沁入全身心的美好？那个周三的下午，你们进入深林，坐在冰冰凉凉的苔藓上，阳光透过橡树的缝隙直接洒下来，照进了你们的心里。

你是否记得你们有了第一个孙子时的激动，记得你们在植物园中种下的野花？

你是否记得你们一起给你的高中捐奖学金时共同度过的时光？你对解决贫富差距问题的努力让施食处的需要变少，你对此感到发自内心的快乐。

你的孩子在送你离开吗？他们远道而来，只为了再见你一面，告诉你他们爱你？他们在回忆什么？你是否记得他们半夜在腿疼中惊醒，而你们在凌晨三点的时候给他们揉腿的时光？你把她们的头发编成辫子，还要当心不要扯到头发。他们第一次骑自行车时你跟在他们后面，安抚惊恐的初学者。你带他们看牙医，帮助他们做数学题，一遍一遍地教他们说西班牙语词汇，和他们玩投球和接球，一次又一次……你在你孩子的回忆里看到自己了吗？你是否为你看到的景象感到自豪？

医院床边的桌子上有一瓶长寿花，边上还有用过的纸巾。你会闻一闻花香吗？你先注意到长寿花还是皱巴巴的纸巾？

你剩下的好朋友蹒跚着来看你了。你的朋友会真心想念你吗？你是否能知道你的朋友在想什么？说出你们对彼此有多重要会让你感到尴尬吗？

你的孙辈也来看你了。他们来看你是因为父母要求，还是你是他们最喜欢的人之一呢？当他们自己弥留之际，你给他们留下的回忆是你给予他们的鼓励和包容吗？

问问你自己，你和身边的人正在经历的生命旅途会变成怎样的回忆？当你奄奄一息时，你和你的伴侣会有如此美妙的回忆吗？

不论你怎样活着，最终你都会走向死亡。通过培养健康的生活习惯，控制住你的冲动、怒意、沮丧，再加上运气和良好的基因，你可能会长寿一些。

在你弥留之际，当你回顾过去，你只对你的生活有一些掌控。在你生命里的每一天，不要让你一时的怒意或悲观的反应阻止你积极向上的能量。如果你选择用心经营，你能拥有一个不被愤怒和敌意掌控的生活，并发自内心地感到快乐！

致　谢

参加我们"控制敌意"研修班的学员们为本书最后的修改提供了很多帮助。他们为此投入的精力、好点子、宝贵的个人经验以及审慎的试错经历等都对本书助益良多。

我们还要感谢以下几位为本书的出版提供了许多帮助的朋友：芭芭拉·贝里曼让我们了解了许多与愤怒有关的时事新闻，苏珊·布斯曾多次帮助我们复印并寄出手稿，尼古拉斯·戈特利布和玛格丽特·哈雷尔则通读了全书手稿并提出了睿智的建议，吉姆·亨利提供了大脑机制的研究来源，琳达·杰克逊为本书整理做了许多细节方面的工作，伯顿·卡普兰从人文主义者和科学家的双重视角为我们提供了新的观点，埃尔瓦·帕洛特提供了一些参考文献，彼得·史密斯在后勤方面提供了大量帮助，保罗·斯特塞尔对其中一个章节做出了贡献。

我们在书中介绍的研究结果基于许许多多科学家的伟大

事业。雷德福希望特别鸣谢以下人士：约翰·贝尔富特、吉姆·布鲁门塔尔、玛格丽特·切斯尼、格兰特·达尔斯特伦、特德·登布罗斯基、福士审、辛西娅·库恩、吉姆·兰恩、丹·马克、凯伦·马修斯、桃生零、村中元康、索尔·尚伯格、莱恩·西格勒和艾德·苏亚雷斯。

雷德福的研究也得到了美国国家心理健康研究所和美国国立心肺血液研究所的慷慨支持。

除此之外，著名出版人雷德·鲍斯为本书的初始结构做出了实质性贡献。

贝琪·拉波波特作为本书的科学编辑亦不负众望。

我们衷心地感谢大家。